南京稀见文献丛刊

新都游览指南

南京游览指南

南京居游指南

（民国）方继之 编

（民国）陆衣言 编

（民国）俞旭华 编

南京出版传媒集团
南京出版社

图书在版编目（CIP）数据

南京居游指南·南京游览指南·新都游览指南 / 俞旭华，陆衣言，方继之编 . -- 南京：南京出版社，2024.4

（南京稀见文献丛刊）

ISBN 978-7-5533-4752-3

Ⅰ . ①南… Ⅱ . ①俞… ②陆… ③方… Ⅲ . ①旅游指南—南京—民国 Ⅳ . ① K928.953.1

中国国家版本馆 CIP 数据核字（2024）第 083355 号

丛 书 名	南京稀见文献丛刊
书　　名	南京居游指南·南京游览指南·新都游览指南
作　　者	（民国）俞旭华；（民国）陆衣言；（民国）方继之
出版发行	南京出版传媒集团
	南 京 出 版 社

社址：南京市太平门街 53 号　　　　邮编：210016

网址：http://www.njcbs.cn　　　　电子信箱：njcbs1988@163.com

联系电话：025-83283893、83283864（营销）　025-83112257（编务）

出 版 人	项晓宁
出 品 人	卢海鸣
责任编辑	徐　辰
装帧设计	王　俊
责任印制	杨福彬

排　　版	南京新华丰制版有限公司
印　　刷	南京工大印务有限公司
开　　本	890 毫米 ×1240 毫米　1/32
印　　张	10.75　插页　6
字　　数	206 千
版　　次	2024 年 4 月第 1 版
印　　次	2024 年 7 月第 2 次印刷
书　　号	ISBN 978-7-5533-4752-3
定　　价	70.00 元

用微信或京东
APP扫码购书

用淘宝APP
扫码购书

学术顾问

茅家琦　蒋赞初

编委会

总　序

　　南京是我国著名的七大古都之一,又是国务院首批公布的 24 座历史文化名城之一。有将近 2500 年的建城史,约 450 年的建都史,号称"六朝古都""十朝都会"。南京的地方文献是中华历史文化资源的一个重要组成部分,是研究我国政治、经济、军事、文化和民风民俗的重要资料。为了贯彻落实党的十九大精神和习近平新时代中国特色社会主义思想,配合南京的经济发展与城市建设,深度挖掘历史文化资源,做好历史文献整理出版工作,不仅有利于传承、弘扬南京历史文化,提升南京品位,扩大南京影响力,也有利于推动物质文明、政治文明、精神文明、社会文明、生态文明协调发展。

　　长期以来,南京地方文献还没有系统地整理出版过,大量的南京珍贵文献散落在全国各地的图书馆和民间。许多珍贵的南京文献被束之高阁,无人问津,有的随着岁月的流逝而湮没无闻。广大读者想要查找阅读这些散见的地方文献,费时费力,十分不便。为开发和利用好这一祖先留给我们的文化瑰宝,充分发挥其资治、存史、教化、育人功能,南京出版传媒集团(南京出版社)与南京市地方志编纂委员会办公室组织了一批专家和相关人员,致力于搜集整理出版南京历史上稀有的、珍贵的经典文献,并把"南京稀见文献丛刊"精心打造成古都南京的文化品牌和特色名片。为此,我们在内容定位上是全方位、多视角地展示南京文化的深层内涵和丰富魅力;在读者定位上是广大知识分子、各级党政干部以及具有中等以上文化程度的人;在价值定位上,丛书兼顾学术研究、知识普及这两者的价值。这套丛书的版本力求是国内最早最好的版本,点校者力求是南京地方文化方面的专家学者,在装帧设计印刷上也力求高质量。

总之,我们力图通过这套丛书的出版,扩大稀见文献的流传范围,让更多的读者能够阅读到这些文献;增加稀见文献的存世数量,保存稀见文献;提升稀见文献的地位,突显稀见文献所具有的正史史料所没有的价值。

"南京稀见文献丛刊"编委会

导　读

　　现代导游读物,是伴随着现代旅游业的蓬勃发展而出现并推广开来的。

　　南京早期的导游读物,可追溯到清末徐寿卿以方志体例于1908年撰成的《金陵杂志》。那一时期,南京现代旅游业因1910年南洋劝业会大事件已显"萌芽"状。《金陵杂志》正是借助于南洋劝业会的举办而出版发行的,还在封面印上"宣统二年南洋劝业会第一次开幕日印"字样;又于1918年全省运动会召开时再版。此书被学者黄宗泽称赞道:"余观是书,其言简,其事赅,谓之乡土志可也,谓之《续元宁县志》亦可也,即谓游历家之指南针亦无不可。"学者周汝砺小仕其"序言"中道:"展诵一过,令人按图索骥,有掌上观纹之妙,不独客游于此者可以恃为指南,即生长是区者亦当奉为枕中秘也。"徐寿卿于1922年又编《金陵杂志续集》,以补《金陵杂志》之缺。这两本书不但具有导游的功能,更具有清末民初社会转型时期的城市史料价值,已被南京出版社合为一册,在"南京稀见文献丛刊"第八辑中出版。

　　在1927年国民政府定都南京前后的那一段时间内,来南京工作、求学、游览的人数不断增多。于是,多种导游读物也就应时而生。较具代表性的有俞旭华编《南京居游指南》(文华学社出版)、陆衣言编《南京游览指南》(中华书局出版)、方继之编《新都游览指南》(大东书局出版)。这几册"指南"都是用说明文的方式全方位介绍南京或"新都"的吃住行游购娱,对游客来说很是实用。这样的写作方式,至今仍被旅游手册的编写者普遍运用。

《南京居游指南》《南京游览指南》均是在 1924 年出版发行的。它俩谁先谁后? 前者版权页未注明具体月份,好在它的"序"写于"甲子暮春",透露了出版的信息;后者则是在 6 月初版。也就是说,两册"指南"是在差不多时间面世的。虽说如此,两者还是有差异的。前者设有八篇,直到第七篇方介绍风景名胜,看来主要对象是本市居民,偏重于"居",同时亦尽其所能为外来游客提供服务。后者计十二章,在第一章"南京概说"之后,接下来就用了整整七个章节话景区、说游程,针对的主要读者群也就不言而喻了。这两册"指南"都曾再版,尤其是后者每年都会再版一次,至 1929年共发行了 5 版(包括精装本)。本辑"南京稀见文献丛刊"收录的《南京游览指南》,就是以其第 5 版为底本的。

需补充的是,也就在《南京居游指南》《南京游览指南》出版的这一年,南京首家旅行代理机构诞生,即上海商业储蓄银行南京分行旅行分部。它和这两册"指南"在同一年出现,既是巧合,亦反映出南京现代旅游业的成长。

再说《新都游览指南》,初版是在国民政府定都南京后的第二年,即 1928 年发行的。本辑"南京稀见文献丛刊"

收录的《新都游览指南》则是以它的 1929 年第 2 版为底本。在那个时间段,"新都"成了南京的代名词。也许正是因为南京升格为"新都",城市建设方方面面都有了变化,才会有"游览指南"的"新都"版本。国民政府定都南京后的几年里,还陆续出版过顾容展编《实用首都指南》、中国旅行社编《首都导游》、夏焕章编《最新南京指南》等,由此可见导游书籍受欢迎的程度,也彰显出南京旅游市场已达到了一定的成熟度。

《南京居游指南》《南京游览指南》《新都游览指南》的鲜明特点,是为游客设计游览线路。

《南京居游指南》对旅游行程的划分比较简明,是以中正街为起点,分为东西南北四"路"。《南京游览指南》亦是以"路"来划分,将中正街作为中心,用"山"作招牌,分东山路(以钟山为主)、南山路(以聚宝山和牛首山为主)、西山路(以清凉山为主)、北山路(以幕府山为主)、中山路(以钦天山为主)和栖霞路(以栖霞山为主),计六"路"。它不光介绍每条"路"的景区、景点,又特别增设了"游览行程"章节,告之沿"路"还可以参观的学校、工厂,以及在哪里喝茶、在哪里午餐等,为游人考虑得很是周全。《新都游览指南》则直接将景区按"行程"来划分,仍然是从中正街出发,共设计了七个"行程":第一程包括秦淮河、第一公园、明故宫、古物保存所、半山寺等;第二程包括明孝陵、紫霞洞、中山陵、灵谷寺、南汤山等;第三程包括北极阁、鸡鸣寺、台城、五洲公园(今玄武湖公园)、大钟亭、鼓楼公园、随园等;

第四程包括朝天宫、莫愁湖、浙江烈士祠、乌龙潭、龙蟠里、扫叶楼、清凉寺等;第五程包括胡园、周处台、雨花台、刘园、牛首山等;第六程包括燕子矶、岩山十二洞、狮子山等;第七程为栖霞山。

由此来看,这三册"指南"对旅游行程的划分及设计,并无统一的约定,与编者在不同时间段的不同认识有关。当然也都有一个共同点,就是竭力为游客合理安排游程,正如《南京游览指南》在"游览行程"章节中所言:"游览名胜古迹,必须预定行程,循路而行,庶无纡绕遗漏之弊;既省时间,又省金钱,更省精力,确是不可忽视的。"

大家一定注意到了,这三册"指南"中的"路"或"行程",均以中正街为起点。中正街,今白下路东段,大约东自大中桥、西至太平南路,南唐时是皇宫正门外的东段路,到了明代辟为官街,历来为南京主城区东西走向的主干道之一,1931年后并入了白下路。清代,这条街上置有上元县衙,与设有江宁县衙的长乐路相邻。上元、江宁两县以中正街一带的昇州路(今升州路)和中华路为界,东北属上元,西南属江宁,可见中正街的地位。中正街在清末、民国时期有过两次拓宽,置有交通旅馆、宁中旅馆、南方饭店、江苏大旅社等众多旅店,又设有市内小火车站台,游客往来十分方便,旧时以此作为游程起点,也就成了不二选择。

有的年轻读者可能会问:为什么不以市中心新街口为游览起点呢?须知《南京游览指南》(第5版)、《新都游览指南》(第2版)1929年出版时,迎梓大道尚刚刚建成通车,以新街口为游览起点，显然不具备条件。需补充说明的是，《迎梓大道建筑纪略》记载："(迎梓大道)计自江岸至中山门，共长一万二千公尺，谓之中山路。"由于这条大道过长，国民政府在1930年第96次国务会议修正通过的《首都干路定名图》中，将此干路分成了三段：中山码头至鼓楼的马路取名"中山北路"；鼓楼至新街口的马路维持"中山路"名称；新街口到中山门的马路则称之为"中山东路"。这三段路名沿用至今。

写到这里，需抱歉的是尚未介绍"指南"的俞旭华、陆衣言、方继之三位编者生平。这本是应该早早提及的，只因通过多种途径查找他们的资料，收效甚微。目前能了解到的：《南京居游指南》的编者俞旭华，是江宁(南京)人。《南京游览指南》的编者陆衣言，系吴县人，是中华书局的编辑，也是位语言学者，著有《国音发音法》《国语罗马字使用法》《交际国语会话》等作品。《新都游览指南》的编者方继之，亦是吴县人，还编写过《普陀山游览指南》等读物，疑为大东书局的编辑。仅此而已。他们都是文化界毫不知名的小人物，在旅游园地里默默耕耘，为当时旅客采撷实惠的果实，也为今人留下了珍贵的旅游印迹。

大凡"旅游指南"读物，都会在开篇的前几页刊登风光图片。选择什么样的图片，往往取决于编者的审美眼光、对"指南"城市的认识深度，以及本人所能掌握的图片资料。《南京居游指南》的图片涉及夫子庙、北极阁、鼓楼、明孝陵4个当时南京这座城市的地标，一看就知道编者俞旭华是土生土长的南京人。《南京游览指南》刊登的风光图片最多，达 35 幅，且没有在开篇单列，而是融入每个"路"的景点介绍之中，其中如南京古物保存所、秦淮公园、胡园等图片，挺难得看到的。《新都游览指南》的图片计 26 幅。第一幅为"中山先生陵墓图案"，紧接其后的是两幅"孙中山先生陵墓"图片。要知道，当时的中山陵仅完成祭堂、墓室主体建筑，就被编者方继之捕捉到了，而且连尚未建的牌坊也找来了设计图案。从中可以看出编者的敏感度和前瞻性，真是挺牛的。这应该也是较早出现中山陵形象的导游读本吧。

我作为长期从事旅游工作的南京人，十分珍惜这些旧时的导游读本。《南京游览指南》《新都游览指南》旧本，就是我向南京出版社推荐的。它们是 90 多年前我们这座城市文旅的美妙回响，难能可贵地呈现出南京现代旅游业初长成的"少儿时光"。现在我们再来对此加以审视，它们不仅仅是时效性强的实用读物，更是记录了一个城市在某个时间段发展的文献，具有无可替代的文旅史料价值。我十分敬佩南京出版社编辑独到而开阔的视野，将《南京居游指南》《南京游览指南》《新都游览指南》合为一册，列入"南京稀见文献丛刊"之中，即将付梓。我们旅游人为之感到欣慰，亦为之感到骄傲。

而今，南京的导游读物丰富多样，今非昔比，仅我主编的就有《最新南京旅游指南》（南京出版社 1995 年版）、《南京旅游指引》（中国纺织大学出版社 2001 年版）《爱，是屋顶上的蓝：南京旅游全景手册》（上海文化出版社

2005 年版）等七八种。随着南京旅游业以及全国旅游业的发展，导游读物也必将新意迭出，繁花似锦。

邢定康

序

昔吳道子作嘉陵山水圖已睹其峯嵐雲物者則以爲重游勝境未至者則瞠捗之點視之以爲登臨跋涉之先鋒班孟堅賦兩都成傳之宇內極衆人之所眩曜贊嘆復見兩都之盛于一室之內者有人尋奇問故若親登其地者亦有人然則人雖知有兩都之富麗嘉陵山水之奇瑰無班吳兩氏之記諸繪亦惟有曾至其地者知之耳衆人固無與焉是其圖之輿賦遠功於世者蓋亦偉矣南京東南重地也往昔則建業稱都六代相繼山川名勝陳迹昭然今則滬甯津浦兩路終集於此學校商廛叢集林立實人文商業繁庶之區負笈整裝來遊者肩摩踵接不有詳切指導之編以充耳目則工商寄託學子尋求固茫然減興而山川風物之要起居出入之宜亦由是閱矣是不獨遊者之憾抑亦居者之耻也予友兪君旭華之作南京居遊指南蓋亦

一

最新增訂 南京遊覽指南

例言

一、本書分十二章詳載關於遊覽的各種事項專作遊覽南京者的嚮導。

一、本書特附最簡明南京地圖一幅凡山水、街道、鐵道公署、學校、工廠、商店、寺廟、醫院等無不詳備印刷清楚極便檢查。

一、本書把名勝古蹟分爲六路各路記載極詳約占全書文字

例言　一

1929 年中华书局本《南京游览指南》书影

新都遊覽指南

例言

一、本書專供游覽南京者採作鄉導之須。而書成新都設立之後故名新都游覽指南。

一、本書附最新南京市街圖一幅凡山水、街道、政府新設各公署學校工廠廟字醫院及各名勝古跡場所無不備載，足爲實履其地者之南針。

一、本書卷端印銅板風景圖二十數幀俾遊人得按圖訪蹟。

新都遊覽指南　例言　一

1929 年大东书局本《新都游览指南》书影

总目录

南京稀见文献丛刊

南京居游指南

（民国）俞旭华 编

南京出版传媒集团
南京出版社

目　录

南游屋

京南指南

仿真署

序

　　昔吴道子作《嘉陵山水图》，已睹其峰岚云物者，则以为重游胜境，未至者则摩挲之、点视之，以为登临跋涉之先鉴。班孟坚赋两都成，传之宇内，极众人之所眩曜赞叹，复见两都之盛于一室之内者有人，寻奇问故、若亲登其地者亦有人。然则人虽知有两都之富丽、嘉陵山水之奇瑰，无班吴两氏之记诸笔，亦惟有曾至其地者知之尔。众人固无与焉，是其图之与赋遗功于世者，盖亦伟矣。南京，东南重地也，往昔则建业称都，六代相继，山川名胜，陈迹昭然，今则沪宁、津浦两路终集于此，学校商廛麇集林立，实人文商业繁庶之区，负笈整装来游者肩摩踵接，不有详切指导之编以充耳目，则工商寄托、学子寻求固茫然减兴，而山川风物之要、起居出入之宜亦由是关闭。是不独游者之憾，抑亦居者之耻也。予友俞君旭华之作《南京居游指南》盖亦有动于此尔。书成见世之日，吾知览其图、读其辞者远见东南风物之清幽、文明之绵丽，研读之所，游乐之方，工商之所需求，将无论乎身游意游，其必了然而不惑也，则其嘉惠于远众之功，岂后于嘉陵山水之图、两都之赋欤！

甲子暮春　淮阴刘步瀛序

金陵名胜（夫子庙）

金陵名胜（北极阁）

金陵名胜（鼓楼）

金陵名胜（明孝陵）

第一篇　总叙

甲、沿革

南京为江苏省会。唐虞夏商相继隶扬州。周初封为吴国。吴楚之交，楚置金陵邑，金陵之名始此。秦改秣陵。汉为丹阳郡地。孙吴徙都易名建业。晋改建康。隋①乃改为江宁县。唐又改白下。杨吴②再析为江宁、上元。迨明成祖迁都北京，始称南京。至民国则并江宁、上元为一，总称江宁县，或称南京。

乙、疆域

南京位于江苏西南部，地滨长江右岸。东界句容，南界溧水，西南界安徽之当涂，西北以大江界江浦、和州，北以大江界六合。辖乡凡三十有九，面积共六千七百五十五方里。城周九十六里，分内外两层，内城周七十六里，门有十四，今所开者十门而已；其外郭广袤二十里，西北据山带江，东南阻山控野，辟有十八门，但基址久夷，仅存其名尔。

---

① 隋：原书作"随"。

② 杨吴：原书作"扬吴"。

丙、生活状况

金陵向为六朝胜地，商务发达，为他省冠，人民生活裕如也。自辛亥政变，失业者多，生计顿窘，比及秩序稍复，又值二次革命，横遭掠劫，富者固抢掳一空，而贫苦又失其营业，生活益形支绌矣。且近数年来，米珠薪桂，物价腾贵，人民生活颇难维持。兹就各业生活，大概述之如左：

1.农业　南京土质素美，然以农人固守成规，不知种植之新法、水旱之御防，是以收获不丰。即使岁无饥馑，所入已不足敷衍，况频年凶歉乎？故无恒产者，谋生于此，颇感不易也。

2.机业　南京机业向称发达，业此者，占全境人数十分之二，每年销售所得，足与农业颉颃。食力之机户，不下万余人；开缎号者，每多发达。但近数年来，舶来品大输吾国，服缎者日少，机业之销场因之骤减，资本家尚可支持，惟一般机户，坐失其业，大都改业谋生。

3.鸭业　缎与鸭乃南京特产，冠于全国，鸭业每年销售所入亦为大宗。

4.工商各业　自民国以来，始注意工业，如爱国布、毛巾、洋袜、印刷等，各工厂皆次第设立，是亦筹贫民生活之一良策也。至于商业，前经两次兵灾，资本缺乏，纷纷倒闭，近年始渐恢复，日图发达。

丁、风俗

南京山川雄厚，民俗纯美，喜空谈，好清静，有东晋之遗风焉。风气虽开通，然习尚奢侈，妇女尤甚，家仅担石，已着绮罗，未积锱铢，先营珠翠。而一切服用，日趋华丽，多仰给于舶来品，既不寻开源，复不知节流。是以民多游荡，户少素封，且保守性过甚，少进取心，无团结力，间阎之间不相通讯，良可慨也。

第二篇　　地方行政

甲、军政

江苏督署重要组织：

1.参谋处

2.秘书处

3.副官处

4.顾问办公室

5.军务课

6.军需课

7.军医课

8.军法课

9.机要处

10.总稽查处

官职	地址	电话
江苏督军署	督署街	城内七二
宁路要塞司令部	狮子山	下关二三五
宪兵司令部	卧佛寺	城内六四五
宪兵三营	大马路	下关五七四
军事执法处	小营	城内一一
陆军第十一旅司令部	碑亭巷口	城内三九一

陆军联组稽查分所	三牌楼	城内五二九
宪兵第一大队	卧佛寺	城内六四五
宪兵第二大队	静海寺	下关四五九
第六师司令部	江宁府街	城内三六八
第六师办公处	江宁府街	城内五四九
第六师执法处	二郎庙	城内七〇七
第六师军械处	珍珠桥	城内六〇一
第六师辎重营	督署后	城内五一二
第六师军医院	小营	城内三二五
第六师马医处	毗卢寺	城内四六五
第六师工兵营	虎贲仓	城内九四七
第三旅司令部	劝业会场	城内五三二
第三旅二团	劝业会场	城内六四七
第三旅医务所	督署后	城内六四九
江苏陆军炮兵团	小营	城内七七二
江宁镇守使署	花牌楼	城内一六一
军事调查处	督署后	城内六一四
骑兵一营	小营	城内六六三
第四旅司令部	和会街	下关六五〇
第四旅一团	和会街	下关六五五
第四旅二团	江东门	城内三八七
第四旅二团二营	上新河	城内四号
第四旅二团三营	和会街	下关二〇九

督署第一班稽查处	中正街	城内七〇八
督署第二班稽查处	钓鱼巷	城内七〇九
督署第三班稽查处	城隍庙	城内七一〇
督署第四班稽查处	江口	下关五三一
下关稽查处	财神庙	下关三七八
浦口稽查处	津浦站	浦口三二
直隶陆军航空队	小营	城内一〇六九
炮兵第六团	小营	城内三七五
陆军测量局	大石桥	城内四九
陆军医院	细柳巷	城内一八八
陆军被服厂	汉西门大街	城内四八二
船泊股	江口	下关三九三
火药库	刘家冈	下关一七五
硝矿局	土街口	城内二七
军械局	汉西门堂子街	城内二八
陆军军士学校	督署后	城内一〇二二
陆军补助教育团	督署后	城内六一
督军消防队	督署街	城内二五
督军承启处	督署内	城内七二
雷电练习所	小营	城内四四七
海军雷电枪炮学校	仪凤门内	下关四四九
海军学校	仪凤门内	下关三五一
鱼雷营	草鞋峡	下关二六五

乙、民政

省署内之组织——省长：

政务厅（谘议）（顾问）：

　　第一科（总务）

　　第二科（内务）

　　第三科（教育）

　　第四科（实业）

省署之各机关：

1.司法办事处

2.财政办事处

3.营务办事处

4.省道筹备处

5.密电处

6.禁烟处

7.水利处

8.沙田股

9.政治研究所

10.警备事务所

11.选举事务所

官职	地址	电话
江苏省公署	司署口	城内四三四
金陵道尹公署	中正街	城内八二
财政厅	奇望街	城内三五〇

教育厅	李相府	城内一三〇
实业厅	李相府	城内一三二
地方审判厅	新廊	城内一二三
地方检察厅	新廊	城内一九五
江宁县公署	三坊巷	城内一三
江苏省议会	丁家桥	城内二二五
江苏省农会	丁家桥	城内三〇二
江苏沙田总局	八府塘	城内六六三
江苏印花税处	大仓园	城内五〇一
江宁第一监狱	大石桥	城内二一二
江宁分监	银作坊	城内二一二
江宁市地方办事处	夫子庙	城内九五
江宁四乡工振事务所	内桥	城内九〇八
江宁旗民生计处	皇城	城内四〇七
江苏烟酒事务局	东牌楼	城内二四五
江苏卷烟营业税处	奇望街	
清理官产处	淮清桥	城内二三九
邮政司	下关大马路	下关五一〇
下关商埠督办	仪凤门外	下关二三三
上江杂货认捐处	大马路	下关二九一
金陵关	大马路	下关四〇一
捐务局	卢妃巷	城内五号
浦口海关验货处	江边	浦口四一

浦口统捐分局	大马路	浦口四五
认捐所	三汊河	下关二二八
交涉署	狮子桥	城内二一
日领事府	鼓楼	城内一一三
英领事府	仪凤门内	下关一一〇
美领事府	三牌楼	城内三八
德领事府	三牌楼	城内八三

丙、警政

江苏全省警务处内部组织：

1.警务督察处

2.消防督察处

3.保安队

4.侦缉队

5.教练所

官职	地址	电话
江苏全省警务处	珠宝廊	城内九一
江苏省会警察厅处	珠宝廊	城内九一
东区警察署	贡院街	城内一二五
南区警察署	全福巷	城内二六九
西区警察署	大王府巷	城内三〇一
北区警察署	鼓楼	城内六六七
中区警察署	大行宫	城内七六九

下关警察署	下关	下关四三一
水上警察署	草鞋峡	下关三六六
浦口警察队	小河南	浦口四六
东区警察第一分驻所	夫子庙	城内一七六
东区警察第二分驻所	中正街	城内一五七
东区警察第三分驻所	红花地	城内一五九
东区警察第四分驻所	洪武门街	城内一九一
南区警察第一分驻所	铁作坊	城内二七〇
南区警察第二分驻所	船板巷	城内二七二
南区警察第三分驻所	水佐营	城内二七三
南区警察第四分驻所	南门外	城内二七四
西区警察第一分驻所	罗汉寺	城内三六四
西区警察第二分驻所	程善坊	城内三七四
西区警察第三分驻所	善司庙	城内三一七
西区警察第四分驻所	水西门外	城内三六五
北区警察第一分驻所	鼓楼	城内六九二
北区警察第二分驻所	群益里	城内六七三
北区警察第三分驻所	仪凤门	下关四四八
中区警察第一分驻所	利济巷	城内七四五
中区警察第二分驻所	龙王庙	城内七七〇
中区警察第三分驻所	明瓦廊	城内七六六
中区警察第四分驻所	慧圆街	城内七七一
下关警察第一分驻所	二马路	下关四八二

下关警察第二分驻所	静海寺	下关四三八
东区消防队	科巷	城内二〇
南路消防队	篾街	城内一六
西路消防队	笪桥市	城内九九
北路消防队	鼓楼	城内一〇〇
中路消防队	承恩寺	城内七六
警察厅消防办公处	承恩寺	城内七九
下关消防队	铁路街	下关四二五
东区巡骑队	绣花巷	
东区巡骑队	南门	
西区巡骑队	汉西门	
北区巡骑队	仪凤门内	
中区巡骑队	珠宝廊	

（附注一）各区分驻所，一切事务，由各区署员任之。于分驻所内，复分若干派出所，其数目不等，视管辖范围之大小而定。所址亦有变迁，其一切事务，由巡官或巡长主持之。

（附注二）凡居民遇有婚嫁、寿诞、生产、亡故、迁居、建筑、开张、歇业，及其他偶发事项等，均须先期向各该属分驻所具文报告。其报告单，可向纸铺购买。每张约铜元一枚，如不购买，自己依式填写亦可。

兹举数种报告书如左：

23

（一）普通报告书

报 告 书

呈报人　　年　岁　省　县　人

今因　职业现住　区　街巷　门牌第

于　年　月　日

区巡官鉴核经至报告者

中华民国　年　月　日

（二）婚嫁报告书

婚　嫁　报　告　书

中华民国	媒人	嫁者	娶者	女家户主	男家户主	女家住所	男家住所	附报
	姓名	姓名	姓名	姓名	姓名	区所	区所	
年	押	年岁	年岁	年岁	年岁	地址	地址	
月	有无证书	籍贯	籍贯	籍贯	籍贯			
				门牌数号	门牌数号			
日	证书	职业	职业	职业	职业			

呈报人　年　岁　省　县人

职业现住　区　街　巷　门牌第　号今因

本身之　于　月　日结婚理合呈报

区巡官核发婚嫁执照须至报告者

（三）出生报告书

書告報生出

呈报人　　　年　　岁　　省　　县人

职业现住　　　区　　街　巷　门牌第　号

今因本身之　　于　年　月　日生

男丁
女口　理合呈报

区巡官核发增丁执照须至报告者

中华民国　　年　　月　　日

（四）亡故报告书

亡　故報告書

呈报人　　职业现住　　今因本身之　　日起患　　区核发亡故执照须至报告者　　中华民国

呈报人　　　　年　　岁　　　　　省　　　　县人

职业现住　　　区　　　　街　巷　门牌第　　　号

今因本身之　　男丁女口　年　　岁于　月　　日亡故理合呈报

日起患　　病于　　月

区核发亡故执照须至报告者

中华民国　　年　　月　　日

（五）迁居报告书

遷居報告書

呈报人　　　　年　　岁　省　　县

职业现住　　区　街　巷门牌第　省　号今于

门牌第　年　月　日由　区迁至　区省　街县

区巡官核发迁居执照须至报呈者　号居住理告呈报

附报

户主	姓名	年岁	籍贯	职业
随 亲属	男 丁	女 口		
同居人	男 丁	女 口		
迁 雇工	男 丁	女 口		

中华民国　年　月　日

（六）建筑报告书

建 筑 报 告 书

呈报人　　　年　　　岁　　省　　　县人

职业现住　　　区第　　　分驻所　　　街　巷　地方

基地　新建　房屋共　　　间情愿遵章退让马路定于

添盖

翻造

月　　　日开工兴造理合绘具草图并呈验契纸报请

区查明转呈核发执照以凭兴工须至报告者

附报

	新建	添盖	翻造
楼房	间	间	间
平房	间	间	间
房铺门面	间	间	间
洋式房	间	间	间

四至丈尺

中华民国　年　月　日

（七）开张报告书

開 張 報 告 書

呈报人　　　　年　　　岁　　　省　　　县　　　人

职业现住　　　第　　区第　　分驻所　　区第　　分驻所　　街门牌　　巷街　　巷街

门牌第　　号今租　　号开设

店遵照取缔营业规则第三条取具相当铺保定于

月　日　开张理合呈报　区巡官查明转请发给开冯

营业执照须至报告者

附报

经理人				股东人数	铺伙人数	雇工人数	资本金	铺保字号		坐落地址		保人姓名
姓名	年岁	贯籍	现住									

中华民国　　年　　月　　日

（八）歇业报告书

歇　業　報　告　書

铺保字号	呈报人　　年　　岁　　县人
	现住　区第　分驻所　字号　　街　巷　门牌第
附报	因　　号开设　　遵营业规则第七条取具铺保定　店营业情
	于　月
坐落地点	合呈报　　日闭歇所有账目损款均已理清
	区警察署查明发给歇业凭照须至报告者
保人姓名	

中华民国　年　月　日

第三篇　公共事业

甲、局

名称	地址	电话
江宁铁路局	鼓楼	城内三二
木厘局	上新河	城内三六
台营官地局	奇望街	城内一〇二
通志局	绣花巷	城内二六〇
浦口商埠局	三元巷	城内三四四
烟酒事务局	东牌楼	城内二四五
江宁区卷烟营业税局	钞库街	
铁道厘捐局	中正街车站	
铁路厘捐局	沪宁车站	下关四九三
掣验局	老江口	下关五八九
机器制造局	南门外	城内一二二
洋火药局	通济门外	
官书局	夫子庙	
邮政局	奇望街	城内一四〇
邮务管理局	大马路	下关五一〇
邮务支局	讲堂街	城内六八一

邮务支局	北门桥	城内三二一
邮务支局	三牌楼	下关五二一
浦口邮务局	大马路	浦口二一
电报局	状元境	城内二三
下关电报局	下关鲜鱼巷	下关五九九
浦口电报局	天桥	浦口六二
电话总局	党公巷	城内〇号
下关电话局	下关仪凤门	下关〇号
浦口电话局	浦口天桥	浦口〇号
省立护矿森林局	宝山	
招商局	下关江口	下关四五三
江苏内地补征煤油捐局	福陵里	下关二一四

乙、会

江苏省议会	丁家桥	城内二二五
江苏省农会	丁家桥	城内三〇二
教实联合会	贡院内	城内一〇〇六
南京总商会	中正街	城内一九六
商余公会	下关惠临里	下关五七六
水利协会	科巷	城内三九〇
南京银行公会	中正街	城内一〇六六
下关商会	仪凤门外	下关五一八
转运公会	三马路	下关四九六

劝戒吸食纸烟会	贡院街	
南京改良会	贡院东平江府	
南京学生联合总会	复成桥	
柳州地产公会	又	城内三二六
江苏陇海铁路南线维持会	贡院内	城内一〇〇六

丙、处

江宁贷济处	常府街	城内一〇六
马路工程处	复成桥	城内三号
金陵关办公处	江边	下关四〇二
浦口商埠局工程处	西炮台	下关五六七
安徽造币厂办事处	铁路桥西	下关二八三
沪宁铁路驻宁警务处	邓府巷	下关二四六
陇海铁路办公处	仪凤门内	下关二五〇
津浦铁路浦口材料处	浦口	浦口三八
驻宁无锡商埠办事处	四条巷	城内九九六
九袱洲驻省办事处	新廊	城内三一八
南京河海办事处	复成桥	

丁、所

商品陈列所	贡院街	城内八七
贡院古迹保存所	贡院街	城内八七

古物保存所	朝阳门内[1]	
电灯厂配电所	龙王庙	城内八二二
福利清洁总所	祥泰里	下关一二九八
沪宁铁路起卸事务所	利达里	下关二七〇
津浦铁路事务所	火车站	浦口二〇
济良所	夫子庙	

戊、厂

造币厂	上浮桥	城内三〇
第一工厂	复成桥	城内一一八
电灯厂	西华门	城内一三一
惠豫苦儿工厂	头道高井	城内四九八
贫民工藤厂	下江考棚	
善后布厂	水西门街	城内九一八

己、场

省立第一造林场	朝阳门外	城内三四七
东南大学蚕桑试验场	太平门外	内一〇五一
牛羊屠宰场	鬼脸城	城内六八七

---

[1] 朝阳门内：原书误为"朝阳门外"。

庚、公所

米业公所	羊皮巷
纸业公所	柳叶街
尚始公所	古钵营
书业公所	旧王府御街
锡箔公所	中正街
面业公所	大油坊巷
茶业公所	教敷营
染业公所	南门外雨花台下
扇业公所	九龙桥
书铺公所	贡院西街
普安公所	柳叶街
医业公所	牛市大街
鞋业公所	平章巷
钱业公所	绒庄巷
缎业公所	三坊巷
车业公所	卢妃巷
转运公所	煤炭港	下关四八〇

辛、会馆

湖南会馆	钓鱼台
湖北会馆	细柳巷
山东会馆	讲堂大街

山西会馆	颜料坊	
两广会馆	四象桥	
安徽会馆	水西门大街	
浙江会馆	四象桥	
江西会馆	评事街	
中州会馆	糯米巷	
奉直会馆	细柳巷	城内四五七
石埭会馆	东牌楼	

壬、试馆

祁门试馆	中正街考棚西街
江阴试馆	金陵闸白塔巷
泾县试馆	白酒坊石灰堆
歙县试馆	大石坝街
旌德试馆	大党家巷
贵池试馆	大石坝街
婺源试馆	镟子巷
昇瀛试馆	马府街
合肥试馆	马道街
皖怀试馆	大石坝街
庐江试馆	中正街
永清试馆	广艺街

癸、慈善事业

一、医院

省立第一医院	葫芦寺前	城内一一五
基督医院	鼓楼	城内一八〇
中西医院	西华门	
贵格医院	螺丝转弯	城内四七四
栗林馆院	二郎庙	城内二八一
须藤医院	游府西街	城内八〇
肫爱医院	龙王庙	城内六二〇
昇平医院	昇平桥	
仁育医院	卢妃巷	
何济生医院	娃娃桥东口	城内七八五
徐梁医院	三坊巷	城内六五〇
博爱医院	铁路桥	下关二七一
须藤分医院	仪凤门外	下关三三六
济生医院	惠民桥升安里	下关五一一
傅华医院	贡院街	
广济医院	贡院街	
王镜寰医院	郭家巷	城内九〇二
惠济医院	顾楼	城内八四六
大马路医院	江口	下关二七三

二、善堂

名称	地址
崇善堂	金沙井
济善堂	四圣塘
普善堂	南门外
广善堂	丁家桥
兴善堂	箍桶巷
继善堂	梧桐树
崇仁堂	绒庄巷
惜善堂	仓顶
乐善堂	李府巷
荫余善堂	科巷
普育堂	剪子巷
清节堂	小油坊巷
救生总局	信府河街
官牛痘局	五城
惜字局	平章巷
广济慈善会	绒庄巷
江宁道院	下关祥泰里、城内鸣羊街
罪犯苦工场	大石桥
同善堂	南宫坊
公善南堂	南门外
育婴堂	剪子巷

养济院	富民坊
救生分局	下关
贫儿院	昇平桥
施药局	天喜长生祠
红十字分会	钓鱼台
江宁同善社	下关邓府巷、城内明瓦廊
乞丐留养所	笆斗山

三、消防

名称	地址
东海水龙局	顾楼街
聚霖水龙局	南门外西街
潮汐水龙局	司署口
沧溟水龙局	骁骑营
涌济水龙局	下关
潮源水龙局	老府桥
泽澋水龙局	评事街
泽漇水龙局	三山街
沛源水龙局	大中桥
永济水龙局	淮清桥
永安水龙局	上新河
既济水龙局	北门桥
保安水龙局	珠宝廊
共济水龙局	唱经楼

九龙水龙局	通济门
西流水龙局	驴头尖
西挽水龙局	大香炉
西来水龙局	三山门外
信河水龙局	信府河
诚意水龙局	白酒坊
时若水龙局	新桥
镟安水龙局	镟子巷
东挽水龙局	弓箭坊
普宁水龙局	太仓巷
东福霖水龙局	膺府街
宝霖水龙局	沙湾
作霖水龙局	南门外
维新水龙局	三铺两桥
挹注水龙局	奇望街
有尚水龙局	利涉桥[①]
有孚水龙局	小门口
玉漍水龙局	承恩寺
五城水龙局	天青街
永安水龙局	陡门桥

---

① 利涉桥：原书误作"列涉桥"。

第四篇　教育

甲、教育行政机关

官职	地址	电话
江苏教育厅	李相府	城内一三〇
省公署教育科	道署街	城内四三
江苏省教育会分事务所	门帘桥	城内一〇五
江宁教育局	贡院西街	城内六五三
江宁县教育科	三坊巷	城内一三
江宁小学教育研究会	贡院街	
江苏教育实业联合会	贡院内	城内一〇〇六
江苏义务教育期成会事务所	门帘桥	城内一〇五

乙、学校教育

A. 大学校

校名	性质	校址	电话
东南大学校	国立	大石桥	城内六七八九
金陵大学校	教会立	鼓楼西	城内八九
金陵女子大学校	教会立	五台山麓	城内九〇三
南京法政大学校	公立	红纸廊	城内一二〇

建业大学校　　　私立　　　龙蟠里　　城内四三九

B. 专门学校

全国水利局工科大学　　公立　　三元巷　　城内三八六

南京工业专门学校　　　公立　　复成桥　　城内一九四

江苏蚕专门学校　　　　公立　　常府街　　城内六三〇

南京美术专门学校　　　私立　　金陵闸　　城内八九〇

美术专门学校女子部　　　　　　塘子巷

C. 职业学校

第一农业学校　　　　　　　　省立　　三牌楼　　下关九二

第四师范学校　　　　　　　　省立　　门帘桥　　城内一四六

四师附设农村师范学校　　　　省立　　栖霞山

第一女子师范学校　　　　　　省立　　马府街　　城内一八一

女子师范附设幼稚师范学校　　省立　　细柳巷　　城内九二二

甲种师范讲习所　　　　　　　县立　　南门外西街

女子体育师范学校　　　　　　私立　　七家湾

南京体育师范学校　　　　　　私立　　十庙口　　城内九六四

体育场设体育学校　　　　　　省立　　半边街

江南职业学校蚕科　　　　　　公立　　常府街　　城内六三〇

南京商业中学校　　　　　　　私立　　花市街

青会年求实补习学校　　　　　教会立　花牌楼　　城内二五〇

金陵神学校　　　　　　　　　教会立　石桥街　　城内三二二

赫德圣道女学校　　　　　　　教会立　韩家巷

爱国女子职业学校　　　　　　私立　　铁汤池

江苏女子花边传习所	私立	四象桥河沿	
助产看护养成所	省立	牙巷	城内六八六

D. 中学校

东南大学附属中学校	国立	大石桥	城内二〇一
暨南学校女子部	国立	薛家巷	城内八二五
第一中学校	省立	八府塘	城内一二九
第一初级中学校	县立	昇平桥	
金陵中学校	教会立	干河沿	城内九〇七
基督中学校	教会立	磨盘街	
基督女子中学校	教会立	鼓楼东保泰街	
成美中学校	教会立	大香炉	城内五二二
华中公学	教会立	汉西门	
汇文女学校	教会立	干河沿	
明德女学校	教会立	汉西门四根杆子	
来复女学校	教会立	北极阁	
钟英中学校	私立	南捕厅	城内七六
正谊中学校	私立	申家巷	城内四七〇
正谊中学女子部	私立	四条巷	
南京中学校	私立	一·七家湾 二·朱状元巷	城内四五〇
公益中学校	私立	十庙口	城内九一七
新制中学校	私立	塘子巷	
志成中学校	私立	钓鱼台	

东方公学女子部	私立	大仓园
两江民立中学校	私立	益仁巷
皖宁中学校	私立	评事街
惠宁中学校	私立	刘军师桥
新民中学校	私立	成贤街
适存中学校	私立	北门桥
建业中学校	私立	汉西门
钟山中学校	私立	一枝园
安徽公学	私立	登隆巷
南京模范中学校	私立	钞库街

E. 小学校

国立者

校名	校址	电话
东南大学附属小学校	大石桥	城内三二九
暨南学校女子部	丹凤街	

省立者

第四师范附属小学校	门帘桥	城内八七五
第一女子师范附属小学校	中正街	城内二〇二

公立者

校名	校址
江宁公立第一小学校	南捕厅
江宁公立第一小分校	沙珠巷
江宁公立第二小学校	仓巷

| 江宁公学二第小学校 | 夫子庙 |

市立者

江宁市立第一小学校	奇望街
江宁市立第二小学校	督粮厅
江宁市立第一分学校	中正街
江宁市立第二分学校	下江考棚
江宁市立第三小学校	朝天宫
江宁市立第四小学校	洪武宫
江宁市立第五小学校	下关
江宁市立第六小学校	大行宫
江宁市立第七小学校	新廊
江宁市立第八小学校	崔八巷
江宁市立第九小学校	卢妃巷
江宁市立第十小学校	小贙府
江宁市立第十一小学校	承恩寺
江宁市立第十二小学校	金沙井
江宁市立第十三小学校	边营
江宁市立第十四小学校	小心桥
江宁市立第十五小学校	荷花塘
江宁市立第十六小学校	仓顶
江宁市立第十七小学校	老府桥
江宁市立第十八小学校	仙鹤街
江宁市立第十九小学校	汉西门

江宁市立第二十小学校	北门桥
江宁市立第二十一小学校	新菜市
江宁市立第二十二小学校	北捕厅
江宁市立第二十三小学校	新街口
江宁市立第二十四小学校	三牌楼
江宁市立第二十五小学校	登隆巷
江宁市立第二十六小学校	夫子庙
江宁市立第二十七小学校	报恩寺
江宁市立第二十八小学校	白衣庵
江宁市立女子小学校	大行宫
江宁市立女子小学校	评事街
江宁市立女子小学校	二道高井
江宁市立女子小学校	胭脂巷
江宁市立代用崇淑女校	全福巷

回教立者

江宁市第一敦穆小学校	草桥
江宁市第二敦穆小学校	黑廊
江宁市第三敦穆小学校	下浮桥
江宁市第四敦穆小学校	吉兆营

教会立者

金陵小学堂	户部街
圣公会附设小学	中正街
济美小学校	中正街

汇文女子小学校	富民坊
金陵中学附属小学校	干河沿
汇文女子小学校	评事街
明育女子小学校	大夫第
汇文女子小学校	南门外西街
明育女子小学校	花市街
培养女学校	双塘
基督小学校	鼓楼
培珍女学校	五台山
益智女学校	颜料坊
畬青女学	估衣廊
进修小学校	估衣廊

丙、社会教育

名称	地址	电话
省立图书馆	龙蟠里	城内一〇一
公用讲演厅	中正街	城内七一八
通俗教育馆	半边桥	城内二三五
省立公共体育场	半边街	
县立公共体育场	江宁府街	
武术研究会	江宁府街	
秀山公园	复成桥	城内七六七
孔教会	夫子庙	

青年会	花牌楼	城内二五〇
女青年会	大仓园	城内二二二
金陵俱乐部	中正街	城内七七四
公余俱乐部	太平巷	城内一〇五〇
江宁地方公会俱乐部	复成桥	
基督教协进会	韩家巷	城内三〇八
麦小姐长老会	户部街	城内九三五
中华圣公会	中正街	城内三九三
中华圣公会	下关利源里	下关五七三
城中会堂	估衣廊	
基督教益友社	府东街	
基督复临安息日会	昇平桥	
基督教堂	夫子庙	
中国科学社	成贤街	
支那内学院	半边街	
国学专修馆	汉西门	

第五篇　交通

甲、境内

南京城周九十六里，面积之大为他邑冠。境内交通以陆路为主，南北往来，东西骈驰，咸藉自由车、人力车、马车、汽车、宁省小火车等具。而电车虽拟建设，但因工程浩大，尚未开筑。至于水道交通，则仅供往返于乡镇间而已，缘城内河流罕少，不便舟楫故也。

A. 车辆

（一）自由车

自由车，一名脚踏车，又名钢丝车，各车行均有出售或出租。售价以物质为准，自五十元至百元不等，租价以时间为准，而车之新旧精粗与租价亦有关系，按普通租例，每小时上等车小洋二角，中等车小洋一角半，下等车小洋一角，倘若在租期内车件损坏，必须照价赔偿。

（二）人力车

人力车，一名东洋车，又名黄包车，有包车与野鸡车之别。所谓包车者，非言某君所包之车也，乃指车之装潢精美，坐位宽大，类于私人所定制之车也，此种车比普通车乘价高一倍或半倍。野鸡车者，即普通人力车也，按人力车之乘价，以路之远近为准，大约每里须四十文，但甚远之路，而平均乘价反廉，俗云饶远不饶近，即此意义。

外邑旅客，口音不同，车夫知为远方来者，不熟路径，必行欺诈，信口索价，每受其骗，旅行者宜慎之。

（三）马车

马车有橡皮轮轿车与铁轮敞篷车之分，轿车用橡皮裹，四面用玻璃窗，行时不甚震荡，且能避风雨，而敞篷车则反是。故车价除视路之远近外，车质亦有关系焉。

今按普通例，由中正街至下关，轿车每辆约八角或一元，敞篷车每辆约六角或八角。无论何种辆车，除正价外，均须付酒钱若干，听乘车者随给，约一角或二角皆可。

如车中尚可容人，行至途中，车夫或令他客出价搭入，故雇车时，须向车夫说明途中不准搭客。

马车雇价，固以路程远近与车质精粗而定，但遇婚丧之期，或急迫之时，车夫故昂其价，必高二三倍于平昔，而于婚嫁之事为尤甚。

（四）汽车

南京近数年始有汽车，今渐次增多。据最近调查，约有百辆左右，但车价颇昂，乘者甚少，车费取法有两种：

甲以车之大小与时间长短计算，普通汽车行用此法，大车每小时约四元，小车每小时约二元。

乙以人数计算，下关百利饭店行之，雇有专车往返于下关与夫子庙之两地，每人每次收车费半元。（但有时不开行）

（五）火车

宁省小火车，计长十里，分为七站，每日开行共十八次，往返于城内之中正街与下关之江口间，坐位有头二三等之分，每站车费头等大洋一角半，二等一角，三等五分，惟下关至江口，或江口至下关，不另加费，如乘全路，则三等车共收大洋二角，头二等车依次倍之。

旅客行李之重量，每位头等车准带二百斤，二等车准带一百五十斤，三等车准带一百斤，如逾限量，照章补费，各站均有转运脚夫，代客起卸。

B. 航船

南京境内水道交通，惟藉航船往各乡镇而已，计分八路，一往龙都镇，水程八十里；一往湖熟镇，水程九十里；一往秣陵镇，水程六十里；一往禄口镇，水程八十里；一往陶吴镇，水程八十里；一往横溪桥，水程一百里；一往王家渡，水程一百三十里；一往三星桥，水程一百一十里。

航船码头在南门外，各路航船二只，每日彼往此来，均以夜行，下午四时开驶，次晨即到，迨冬季水浅，则不能通行，至于船费，视道程之远近而定，至多不过数百文而已。

乙、境外

南京为东南都会，四通八达，水陆咸宜，沪宁铁路站设下关，由南京至上海；津浦铁路站设浦口，由南京至天津。将来浦信、宁湘两铁路成，则南京可为全国交通之中心点矣。

沪宁铁路价目表（自南京至上海各站价目）

名	南京	神策门	太平门	尧化门	栖霞山	龙潭	下蜀	高资	镇江	镇江旗站	渚泽	新丰	丹阳	陵口	吕城	奔牛	常州	戚墅堰	横林	洛社	石塘湾	无锡	无锡旗站	周泾港	望亭	浒墅关	苏州	官渎里	外跨塘	唯亭	正仪	昆山	陆家浜	安亭	黄渡	南翔	真茹	上海
等	四角	八角	一元	一元二角		一元四角	一元六角	一元八角	二元	二元四角	二元六角	二元八角	三元	三元四角	三元六角	三元八角	四元	四元四角	四元六角	四元八角		五元	五元二角	五元四角	五元六角	五元八角	六元	六元二角	六元六角	六元八角	七元	七元四角	七元六角	八元	八元四角	八元六角	九元	九元二角
等	二角	四角	五角	六角		七角	八角	九角	一元	一元二角	一元三角	一元四角	一元五角	一元七角	一元八角	一元九角	二元	二元二角	二元三角	二元四角		二元五角	二元六角	二元七角	二元八角	二元九角	三元	三元一角	三元三角	三元四角	三元五角	三元七角	三元八角	四元	四元二角	四元三角	四元五角	四元六角
等	一角	二角	二角五分	三角		三角五分	四角	四角五分	五角	六角	六角五分	七角	七角五分	八角五分	九角	九角五分	一元	一元一角	一元一角半	一元二角		一元二角半	一元三角	一元三角半	一元四角	一元四角半	一元五角	一元五角半	一元六角半	一元七角	一元七角半	一元八角半	一元九角	二元	二元一角	二元一角半	二元二角半	二元三角
等	五分	一角		一角	一角		二角	三角	三角	三角		六角五分	七角			九角	一元	一元	一元零五分	一元一角半	一元一角半	一元一角半	一元一角半			一元二角半	一元三角	一元三角半	一元三角半			一元五角						一元七角半

南京之下关为通商口岸，往来轮船停泊于此，每日上下水约有二三艘，下至上海，上达汉口，此外各埠之小轮船，开往镇江、扬州、采石、芜湖等处，每日亦舟帆不绝，往返于扬子江中。

A. 陆路

（一）沪宁铁路

沪宁铁路共长一百九十三英里，往返于南京与上海间，有特别快车、快车、客车、慢车之分，每日共开二十六次。

旅客购毕车票后，即将所带行李过磅，每位头等车准带二百斤，二三等车递减五十斤，如不愿自己携带，可向车站扣筹，每件铜元二枚，取回扣筹单，至目的地时，凭扣筹单取行李，如行李于二十四小时后尚存车站者，每件每日或不满一日栈租费洋五分。

小孩车费，四岁以下免收，十二岁以下减半，仆从车费亦收半价，如有亲朋送客上车，须购月台票，每张大洋五分。

又各站均有转运脚夫，代客起卸，旅客须认号衣，以便追查。

按票价在五角以上，须用整洋，每元作小洋十一角数十文。

包裹运费，凡不藏银洋、珍宝、金银、犯禁炸裂、军火、宝贵、危险等品之包件，得照下列规条及价格收费。

（甲）包件或以度量或以衡量均可，惟收运费须于二者之间，择一价高者。照每二立方尺作重二十五斤。

（乙）如非数包扎在一起者，须按包收费。

（丙）每包起码运费，不拘路程多少，须作洋两角半收费。

兹列运费表于后：

路程	五十哩及五十哩以下	五十一哩至一百哩	一百〇一哩至一百五十哩	一百五十一哩至二百哩	二百〇一哩至三百哩	三百〇一哩至四百哩
二十斤及二十斤以上	洋二角五分	洋二角五分	洋三角	洋四角	洋五角	洋六角
二十一斤至三十斤	洋二角五分	洋三角	洋四角五分	洋六角	洋八角	洋一元
三十一斤至四十斤	洋二角五分	洋四角	洋六角	洋八角	洋一元	洋一元
四十一斤至五十斤	洋二角五分	洋五角	洋七角五分	洋一元	洋一元	洋一元
五十一斤至一百斤	洋四角	洋七角	洋一元	洋一元	洋一元五角	洋二元

（注意）重量过一百斤或度量过八立方尺者不得认为包裹。

（二）津浦铁路

津浦铁路共长六二八哩，由浦口达天津，经苏、皖、鲁、直四省。跨黄、汶、淮、泗诸河，临泰山，绕洪泽，工艰费巨，洵为中国铁路工程之最大者，其各种规程咸与沪宁线同。

津浦铁路价目表

站名	浦口	浦镇	花旗营	东葛	乌衣	担子街	滁州	沙河集	张八岭	三界	管店	小卞庄	明光	石门山	小溪河	板桥	临淮关	门台子	蚌埠	曹老集	新桥	固镇
自浦口至天津各站价目(上) 头等	元	·一五	·四五	·八五	一·二〇	一·五〇	一·八五	二·三五	二·七〇	三·二〇	三·六〇	三·九五	四·二五	四·五五	四·九〇	五·二〇	五·六〇	五·九五	六·五〇	七·〇五	七·六〇	八·一〇
二等	元	·一〇	·三〇	·六〇	·八五	一·〇五	一·二五	一·六〇	一·八五	二·一五	二·四五	二·六五	二·八五	三·〇五	三·二五	三·五〇	三·七五	四·〇〇	四·三五	四·七〇	五·〇五	五·四五
三等	元	·〇五	·一五	·二五	·四〇	·五〇	·六〇	·七〇	·九〇	一·〇五	一·二〇	一·三〇	一·四〇	一·五〇	一·六〇	一·七〇	一·八五	一·九五	二·一五	二·三五	二·五〇	二·七〇

站名	任桥	西寺坡	南宿州	福履集	李家庄	夹沟	曹村	三铺	徐州府	茅村	柳泉	利国驿	韩庄	沙沟	临城	官桥	南沙河	滕县	界河	两下店	邹县	兖州府
自浦口至天津各站价目(上) 头等	八·七〇	九·二五	九·八五	十·四〇	十·七〇	一一·〇〇	一一·五〇	一二·一〇	一二·六〇	一三·一〇	一三·四五	一四·〇〇	一四·三五	一四·九〇	一五·二五	一五·八五	一六·一五	一六·五〇	一七·〇五	一七·六〇	一八·〇〇	一八·八五
二等	五·八〇	六·二〇	六·六〇	六·九五	七·一五	七·三五	七·七〇	八·一〇	八·四五	八·七五	九·〇〇	九·三五	九·五五	九·九五	十·二〇	十·六〇	十·六〇	一一·〇〇	一一·三五	一一·七〇	一二·〇〇	一二·六〇
三等	二·九〇	三·〇五	三·二五	三·四五	三·五五	三·六〇	三·八〇	四·〇〇	四·二〇	四·三五	四·四五	四·六五	四·八〇	四·九五	五·一〇	五·三〇	五·四〇	五·五〇	五·七〇	五·八五	六·〇〇	六·三〇

站名		曲阜	吴村	南邑	大汶口	东北堡	泰安府	界首	万德	张夏	固山	党家庄	济南府	泺口	桑梓店	晏城	禹城县	张庄	平原县	黄河涯	德州	桑园
自浦口至天津各站价目(下) 头等	元	一九·五〇	一九·八〇	二〇·四五	二〇·九五	二一·五〇	二二·〇〇	二二·五〇	二二·九〇	二三·四〇	二三·六五	二四·一五	二四·九五	二五·二〇	二五·六五	二六·二〇	二六·九〇	二七·四〇	二八·一〇	二八·八五	二九·三〇	三〇·一五
二等	元	一三·〇〇	一三·二〇	一三·六五	一三·九五	一四·〇五	一四·六五	一五·〇〇	一五·三〇	一五·六〇	一五·八〇	一六·一〇	一六·六五	一六·八〇	一七·〇五	一七·四五	一七·九〇	一八·二五	一八·七〇	一九·二五	一九·五〇	二〇·〇五
三等	元	六·五〇	六·六〇	六·八〇	六·九五	七·一五	七·三〇	七·五〇	七·六〇	七·八〇	七·九〇	八·〇五	八·三〇	八·四〇	八·五〇	八·七〇	八·九〇	九·一〇	九·三五	九·六〇	九·七五	十·〇〇

站名	安陵	连镇	东光县	南霞口	泊头	冯家口	砖河	沧州	姚官屯	兴济	青县	马厂	唐官屯	陈官屯	静海县	独流	良王庄	杨柳青	天津西站	天津总站	天津东站
自浦口至天津各站价目(下) 头等	三〇·四〇	三〇·九五	三一·三五	三一·七〇	三二·一〇	三二·七五	三三·〇五	三三·五〇	三三·八五	三四·一五	三四·七〇	三五·〇五	三五·三五	三五·八〇	三六·二五	三六·六〇	三六·七五	三七·三〇	三七·八五	三八·〇五	三八·二五
二等	二〇·二五	二〇·六〇	二〇·八五	二一·一〇	二一·四〇	二一·八四	二二·〇五	二二·三五	二二·五五	二二·七五	二三·一〇	二三·三五	二三·五五	二三·八〇	二四·一五	二四·四〇	二四·五〇	二四·八五	二五·二〇	二五·三五	二五·五〇
三等	十·一〇	十·三〇	十·四〇	十·五五	十·六五	十·九〇	一一·〇〇		一一·二五	一一·三五	一一·五五	一一·六五	一一·七五	一一·九〇	一二·〇五	一二·一五	一二·二〇	一二·四〇	一二·五五	一二·七五	一二·七五

B. 水路

（一）长江轮船

南京居东南枢纽，据长江右岸，陆旅既便，航行尤宜，上至汉口，下达申江，扼沪汉之中心也。沪汉水程计六百里，上水须三日余，第一晚由上海开，第三日午前四五时左右抵南京，约泊二小时，乃发芜湖，第五日达汉口；下水须一日余，第一晚由汉口开，第三日午后一二时左右抵南京，约泊二小时，乃往镇江，第四日抵上海。

各船速率不一，开驰亦有先后，大抵野鸡船略早，招商、怡和、太古船较迟，故到埠迟早亦不同，且有因风阻雾阻迟延数日者，如上所计，不过就其普通言之尔。

长江各埠除镇江、南京、芜湖、九江、汉口五处外，皆无趸船（即码头）。旅客上下，须乘各船局之划子。各船局皆有灯棚，设于江岸，以便瞭望船只，见本局之船将至，日则悬旗，夜则悬灯为号，船到略停，俾旅客上下。

购买轮船舱票，可向船上账房，或托客栈均可。欲定房舱、官舱，尤须早日告之，免致临时误事。

各轮船价目，颇不一律，大抵野鸡船较廉，而坐卧具亦较逊也。儿童乘价，若在十二岁以内，减收半费，此则各船相同。

（二）渡江轮船

下关与浦口隔江相望，江口之飞鸿码头，乃大江南北之枢纽也。渡江有轮船及划子之分，划子价廉，但行慢而易险，乘之者甚少，普通皆乘轮船，一名澄平，船较大，坐座有头二三等之分；一名安宁，船较小，但有拖船，亦不拥挤，皆三等坐位。若上船时不购票，则查出罚双倍，其价目每次头等二角，二等一角，三等五分，军人票三分，行李票一角，均以小洋计算。

<h3 style="text-align:center">轮船渡江时间表</h3>

第　　次	煤炭港开	下关到	浦口到
一①		六·	六·一〇
三		七·二〇	七·三〇
五	七·四〇		七·五五
七		八·一〇	八·二〇
九		八·五〇	九·
一一		九·三〇	九·四〇
一三		十·三〇	十·四〇
一五		十一·三〇	十一·四〇
一七		十二·三〇	十二·四〇
一九		十三·四〇	十三·五〇
二一		十四·三〇	十四·四〇
二三②		十五·三〇	十五·四〇
二五	十五·四〇		十五·五五
二七		十六·三〇	十六·四〇
二九		十七·三〇	十七·四〇

---

① 一：原书误作"三"。

② 二三：原书误作"二二"。

续表

第　次	煤炭港开	下关到	浦口到
三一		十八·三〇	十八·四〇
三三		十九·三〇	十九·四〇
三五		二十·	二十·一〇
三七		二十一·	廿一·一〇
三九		二十二·	廿二·一〇
四一		二十三·	廿三·一〇
四三		二十四·	廿四·一〇

第　次	浦口开	下关到	沪宁站到
二	六·四十	六·五〇	
四	七·　◎		七·一五　◎
六	七·五〇	八·	
八	八·一〇〇◎	八·一〇①	
一〇	九·	九·一〇	
一二	十·一〇◎	十一·二一	
一四	十一·　◎	十一·一〇	
一六	十二·　◎	十二·一〇	
一八	十三·　◎	十三·一〇	
二〇	十四·　◎	十四·一〇	
二二	十五·　◎		十五·一五　◎
二四	十五·	十五·一五	

① 八·一〇：原书如此，疑误。

第　次	浦口开	下关到	沪宁站到
二六	十六·	十六·一〇	
二八	十七· ◎	十七·一〇	
三〇	十七·三〇	十七·四〇	
三二	十八· ◎	十八·一〇	
三四	十九· ◎	十九·一〇	
三六	十九·三〇	十九·四〇	
三九	二十·三〇	二十·四〇	
四〇	廿一·三〇	廿一·四〇	
四二	廿二·三〇	廿二·四〇	
四四	廿三·三〇	廿三·四〇	

（有此◎记号者乃澄平船也）

丙、通信

前言境外交通，专论旅客行旅等事，未曾提及通信，通信云者，凡邮政、电报咸属之，兹分述如左：

A. 邮政

南京邮政总局与邮务管理局，俱在下关大马路，分局在城内奇望街，支局分散各处，一在鼓楼，一在北门桥，一在花牌楼，一在讲堂大街，一在浦口大马路。

附邮政寄费清单

B. 电报

电报施行日广，为用特便。南京电报总局在城内状元境街，分局在下关天桥。

电报费，华文每日本省往来洋六分，隔省不论远近，均加倍，华文密码，及洋文电报均加半。

新闻电报，不论本省隔省，每字华文三分，洋文六分，一等官报不论明密码，均减半。

提前先发者，为加急，电报费三倍（每字一角者，作三角）。并于报首加"急"字，"急"字亦算一字，照价减收二成，住址姓名，照字算费。

欲候回音，须预付回费，自于报首加一"复"字，"复"字下加一已付回费之数码。如预付回费七字，加以七字是也，此二码只作一字收费，照价减收二成。

收报人住址，如距电报局五里以外，须人专送，力洋一角，每加五里加一角。

第六篇　宿食娱乐

甲、宿

宿之问题，可分两种，一为久居，即居住南京，一时不他徙者，须得赁屋而住。一为暂居，即来宁一走，瞬将他往者，须藉旅舍以宿久居者，须知南京赁屋之手续，暂居者须知南京旅舍之规程，兹分别述之如次：

A. 赁屋手续

凡欲赁屋者，须至各处寻找招租、招典、招杜等红色纸贴，或委托房牙（即专为人经理房屋者），即知何处有空屋，先行观察，该屋是否合意，嗣议价议成后，凭中立约，然后搬进。

按普通租房，其费有二：一为行租，即每月所付之房金；一为押租，立约时付之，犹如押款，俟房客（即租房人）他搬时，由房东（即出租房人）如数发还，原款并不生息，因此押租大于行租数十倍，所谓重押租，轻行租是也，尚有所谓进房押月者，立约时，不付押租，但须上月预付下月之房金。至于典房，立约时言明，典定年数，皆银不起利，房不起租。

附租住房约式

立租约人某今租到

某县某街（或巷）坐 朝 ，平房（或楼房）住屋一所，共几进几间，连……等俱全，出入无阻，装修大小各件，另立收交单二纸，两造存执备查，凭中言明，押租洋几元正，行租每月洋几元正，立约之日，凭中将押租交清，行租按月取付，进屋起租，决不拖延短少，俟退租日，押租如数收回，装修改式各件仍照原式归还，如有亏欠行租，及在房装修、损坏、遗失等情，即在押租之内扣算，恐后无凭，立此存照。

中华民国某年某月某日立租约人某某押

中人某某押

B. 旅客须知

南京旅馆，大小统计几及千家，城内之中正街、城外之下关，皆旅客必由之孔道，故旅馆尤夥。

旅客寄居旅馆时，先行说明姓氏、籍贯、职业，及来宁之原因，并指出何人为保，但保人须在南京者，如无保人，则不留住，又只身妇女，亦不收纳。

各旅馆房价不等，以宽大、狭小而定，每日以正午为准，过十二点钟后，则算一日。故旅客拟定某日起程，须于午前揭账，否则须多付一日之房金也。小账及茶水费，亦各旅馆不同，有由旅客随给，有于正价外加一。

房金若干，各房内均有告白书明，但照定价亦可折扣（亦有不二价者），普通七折或八折，甚而对折外，尚能减少者，此则视旅客之生熟而定矣。

旅馆字号	地址	电话
大方旅社	慧圆街	城内七三五
江南大旅社	奇望街	城内七三
交通旅馆	中正街	城内一二一
惠中旅馆	中正街	城内三三九
恒来旅馆	中正街	城内三一九
秦淮旅馆	贡院街	城内一三三
第一旅馆	利涉桥	城内一七七
海洞春旅菜馆	利涉桥	城内一六八
大观楼	门帘桥	城内一六六
宁中旅馆	中正街	城内三三四
宁台旅馆	中正街	城内一九
全安旅馆	贡院街	城内三六三
泰安旅栈	状元境	城内七八六
长安旅馆	益仁巷口	城内四三三
南洋旅社	状元境	城内五四一
集贤栈	状元境	城内五四四
聚贤栈	状元境	城内二〇六
福来旅馆	状元境	城内三二三
招商旅馆	四象桥	城内三四六
凤仪旅馆	马府街	城内六八八
文明旅馆	四象桥	城内四四〇

南洋旅馆	四象桥	城内六二
泰来旅馆	中正街	城内八八
孟渊旅馆	中正街	城内一八五
涌和旅馆	中正街	城内三四三
凤台旅馆	中正街	城内三一〇
全安旅馆	大行宫街	城内二三〇
聚亿旅馆	益仁巷	城内七一二
大治楼旅馆	下关江口	下关三一四
金陆大旅社	大马路	下关四七七
交通旅馆	二马路	下关二〇一
扬子江旅馆	新桥西	下关四二四
上海旅馆	龙江桥口	下关五六九
瀛洲旅馆	江口	下关五二二
大新旅馆	江口	下关四一九
中华旅馆	大马路	下关四五〇
中西旅馆	沪宁车站	下关四二二
招商旅馆	大马路	下关四六〇
通商协记大旅社	二马路	下关五六二
萧培记客栈	江口	下关二四三
大安栈	二马路	下关四二七
新新旅馆	三马路	下关五七〇
新鸣旅馆	三马路	下关四九五
萃华旅馆	大马路	下关三九二

品正旅馆	北安里	下关二五三
天兴旅馆	满庭坊	下关五八五
新华旅馆	北安里	下关五八三
大安栈	浦口天桥下	浦口五二
招商旅馆	浦口大马路	浦口四五
惠商旅馆	浦口大马路	浦口三五

C. 浴堂

浴堂内兼备盆汤、池汤，以随顾客之便，城内之三新池，下关之天然池，规模较大，坐分四等，西坐四角，超等坐一角半，特等坐一角，普通坐五分，其余各浴堂，均价分三等，西坐二角，官坐一角（或一百二十文），客坐五分，皆以小洋计，小账由顾客酌给，如令其擦背，则另加五分。

字号	地址	电话
三新池	三山街	城内三九五
铭轩盆浴堂	颜料坊	城内一四四
东园盆浴堂	承恩寺	城内七二一
新龙池	府东街	城内五九七
华新池	府东街	城内二〇八
新新池	慧圆街	城内六〇二
五龙池	顾楼街	城内一〇五五
大新池浴堂	使署口	城内五五三
秦淮池	利涉桥	城内七二二
临园盆浴堂	花牌楼	城内一〇三

敏园盆浴堂	碑亭巷	城内二五三
陵泉浴堂	颜料坊	城内七三二
铭新浴堂	昇平桥	城内九三三
双龙池	讲堂街鸡鹅巷	城内一〇五三
复新池	沙湾街①	城内六二五
新铭园	同仁里	城内四九六
西园浴堂	安品街	城内二七七
天然池	下关大马路	下关四四七
奇园汽水浴堂	下关邓府巷	下关四七四
龙园浴堂	邓府巷	下关三三五
新华池	商埠局街	下关二〇六
汤泉	汤泉乡	城内一〇〇三

D. 理发

理发店，街市里巷各处皆有该业。最近公议价格，全剃小洋一角，剪平顶一角五分，剪西式二角，修面五分，然顾客可不拘于定价，略有增减，亦无不可。

乙、食

南京为江苏省会，军政警学商各界人士所聚，故菜馆颇多，茶社林立，以夫子庙一带为尤甚。

---

① 沙湾街：原书误作"治湾街"，据《新都游览指南》校改。

A. 菜馆

南京之菜馆，凡西餐、京苏大菜、徽馆、教门馆、山东馆、广东馆，皆各有其店。价格不等，每席自一二元至十余元，一律大洋，不折不扣，小账除加一外，尚须付飞零（即小账外之小账，谓之飞零）。但范围较小之各店，定价低廉，皆钱码实收，小账随给，开支甚少，而食品亦不恶，惟房间稍狭，装饰不十分精美尔。

店号	地址	电话
英商百利饭店	下关惠民桥	下关三八一
南京花园饭店	下关湖北街	下关五八四
金陵春番菜馆	贡院街	城内一七〇
第一春番菜馆	贡院街	城内二二八
第一旅馆	利涉桥	城内一七七
海洞馆春旅菜馆	利涉桥	城内一六八
秦淮旅馆	贡院街	城内一三三
长松东号	贡院街	城内一九三
老宝新（教门馆）菜馆	桃叶渡	城内七四
宴乐春（教门馆）	东牌楼	城内二五二
万全酒栈	利涉桥	城内七三三
绿柳居（素菜馆）	利涉桥	
群乐楼（广东馆）	姚家巷口	城内四四五
山东馆	府东街	城内三一二
小乐意酒馆	贡院西街	城内一〇〇四

嘉宾楼	奇望街	城内五六一
半亩园	郭家巷	城内二〇九
万全酒栈	府东街	
万家春	姚家巷口	城内七八九
东波园	东牌楼	
小乐意	东牌楼	
奇斋金腿菜馆	奇望街	城内五六六
谦益酒栈	使署口	
万全斋	花牌楼	
民英楼	花牌楼	
九华楼	花牌楼	
杏阳春	南门楼	
聚兴馆	府东街	
庆和园	黑廊巷	
龙门居	贡院街	

B. 茶社

茶社随在皆有，夫子庙一带游人特多，故茶社尤盛。价不一律，大抵自三四十文至一角，通例两人一碗或一壶。早茶卖点心，下午卖清茶。各大菜馆，早晨亦卖点心，但下午不卖清茶。南京茶社虽多，然茶味芬芳、坐位轩敞者，恒不多见。

普通茶社，晚间均不营业，间有数处卖晚茶者，但咸附有娱乐。

店号	地址	电话
新奇芳阁	贡院街	城内三八九
六朝居	贡院街	城内二八五
六朝春	贡院街	城内一〇四二
六朝览胜楼	利涉桥	
青云阁	贡院街	城内一九二
飞龙阁	贡院西街	城内四三七
奎光阁	贡院街	
四明楼	贡院街	
迎水台	利涉桥	
得月台	文德桥	
市隐园	夫子庙	
德星聚	文德桥	
文来茶社	东牌楼	
义顺茶社	东牌楼	
览园茶社	大中桥湾	
白鹭洲茶社	东花园	

丙、娱乐

南京五方杂处，人士纷纭，夫子庙与下关，各种游艺群集，无论何时，皆如山阴道上，应接不暇。每日自午后起，至夜十二时止，有公园、戏园、游戏场、画舫、大鼓书、女校书会唱、说戏考及其他各种杂技。

A. 公园

（1）秀山公园　在复成桥，乃纪念李故督军秀山公而建者。园中铸有铜像，树立纪念碑，内分数部，陈列古今珍品，尤壮观者为英威阁，阁上售茶，每壶一角。院内杂植花卉果树，入坐其中，心旷神怡，诚最佳之休息所也。门票每人六十文，但学生佩有徽章，或着制服，于星期日往游，则不收费。

（2）鼓楼公园　园址在城内鼓楼街，亦近年所筑者。地址宏大，空气鲜洁，园周种以松柏，遍地铺以鲜苔，畅观阁建于中央，专供游客之休息，内售清茶，每壶一角，而上阁时，亦须买门票，每人四十文。

B. 剧园

剧园共有五处，下关三，城内二。开演时间，日戏皆自午前十二时起，至午后五时止；夜戏自午后七时起，至夜间十二时止。坐位有清坐、正坐、楼坐、包厢之分，价目自数角至一元左右不等，如遇名伶到宁，则临时增价，故戏资常有贵贱，但日戏皆较夜戏为廉。

戏园名	园址	电话
南京花园饭店戏园	下关湖北街	下关五八四
百利饭店新新舞台	下关惠民桥	下关三八三
百利戏院	下关永宁街	下关二三八
同庆大舞台	城内府东街	
春新贡舞台	城内龙门街	

C. 游戏场

夫子庙一带，各种游艺杂技，咸集于此，如变戏法、买拳术、木人戏、猴羊戏、唱小曲、说书场及其他杂技，无不麇集，但皆随时迁徙，无一定地址。其中只有两处建设场所，一在龙门街，名曰六朝游艺场；一在贡院街，名曰游艺场，两处统售门票，每人小洋一角，古装戏与文明戏并演，且有双簧、幻术等助兴。

开演时间与戏园同。

D. 校书坐唱

泮宫前之秦淮河中，终年泊有书舫，其上卖茶，故又名茶舫，有校书坐唱京剧、小曲，每日下午开始，至十二时止。茶资每碗一百文，或一百二十文，两人共一碗，京剧、小曲每点一出，价皆二角。

此外，茶社亦有校书坐唱京剧、小曲，茶价较茶舫稍廉，惟四明楼茶社、庆华茶庄，群芳聚唱，人数较多，其价亦昂，每碗一角一分，点戏一元（亦有给二元者），盖校书有头二三等之分，故各处茶资亦因之而异。

1.茶舫

舫名	停泊地
涛园茶舫	泮宫前秦淮河
得胜茶航	泮宫前秦淮河
同顺茶航	泮宫前秦淮河
悦来茶舫	泮宫前秦淮河
得意茶舫	泮宫前秦淮河

2.茶社

社名	地址
四明楼	贡院街
庆华茶庄	贡院街
德星聚	文德桥
市隐园	泮宫前
得月台	文德桥

E. 大鼓书

大鼓书有两处，亦系校书所唱，一在贡院街新奇芳茶社内，一在贡院西街飞龙阁茶社内，每日午后开始，夜十一时止。茶资每碗皆二角，每人一碗，或两人共一碗，点戏一元。

F. 演唱戏考

贡院街奎光阁茶社，每晚有一伶人，名戴炳奎者，演唱历朝书词戏考，此技只一人，装唱兼之，前说原由，次唱正剧，但不化装，只将声调态度体过板①，形容毕肖为目的，此人善滑稽，一举一动，咸令人解颐，故趋之者甚众。每晚八余开演，若到迟时，则无坐位，茶资每碗一百三十文，点戏每出小洋二角。

G. 画舫

每年夏季，秦淮河畔，画舫益夥，当夕阳西堕之时，玉兔东升之候，往来其间，笙歌聒耳，或挟妓侑觞，或舣舟

---

① 只将声调态度体过板：原书如此，疑误。

纳凉，各界人士，公余之暇，每乐就之，游资按船之大小与时之长短而定，最大者十元，中等者四五元，小者一元余，通例晚膳后上船，夜十二时下船，亦有午后一时上船，五六时下船者，则皆随顾者之意尔。

第七篇　名胜

金陵向有四十八景之称，但沧桑屡易，不复旧观，兹就最著名及新建设而足供游览者述之，以游览路程便利计用城内中正街为起点，分为东南西北四路。

甲、东路

一、秀山公园　由中正街至秀山公园，车金约八十文。

由中正街东行，过大中桥，经通俗教育馆、公共体育场，至秀山公园。园为纪念李故督军秀山公而建，铸有李公铜像，又将李公遗书勒石以垂永久，并有博物馆、图书馆、逍遥游，以供游人之留连，水石亭台、名花奇草颇足娱人。

二、明故宫　由中正街至明故宫，车金约一百四十文。

宫在城东南，朝阳门内，筑于洪武二年，画栋雕梁，穷极壮丽，追光复时被毁，今所存者，惟东安、西安、午朝诸门而已。

宫内五龙桥尚存，桥北近年建有古物保存所，搜集历代古物陈列，以供游人考究，如血迹碑等，均为考古家所注意。

三、半山寺　由中正街至半山寺，车至朝阳门，约小洋一角，余途不便于车，但亦不远。

寺在朝阳门内北首，从城中至蒋山，此当其半，故名半山。谢公墩在其东。按是寺原为谢太傅宅，王荆公继居之，宋元丰七年，仍改为寺，赐额报宁。

四、明孝陵　由中正街至明孝陵，车金约小洋一角五分。

出朝阳门东北行里许，为明孝陵，太祖与马后合葬于此。陵前翁仲华表，侍列两旁，清代御碑甚夥，刻工精细，字迹明显。北行抵飨殿，有太祖遗像，穿隧道，登祭坛，则达皇陵，其地土石成山，松柏杂错，即太祖与马后埋骨所也。陵侧一井，名血龙，水红色，石龟压其上，或谓饮其水者，增气力。

五、紫霞洞　由中正街至紫霞洞，车金约小洋二角。

洞在明孝陵东，相距三里许，可容十余人，清泉从山涧涓下，若瀑布然，相传洞口有紫霞笼罩，故名。

六、灵谷寺　由中正街至灵谷寺，车金约二角余。

从紫霞洞东行，松柏蔽天，苍翠欲滴，微风吹来，作松涛声，如此数里，则抵灵谷寺，其内古迹可分七种，（一）梵王宫殿，乃明洪武年所建也。（二）无量殿，依天竺制，不假梁栋，自基及顶，尽以砖石建之，本名无量殿，俗讹为无梁殿。（三）钟楼，铸造颇工，制度精古，其上有赵世延铭。（四）放生池，又名万工池，或谓凿池时，曾役万工，故得名，池内植有荷花，美观之至。（五）说法台，相传明成祖召僧侣追荐高皇帝后于此。（六）宝公塔，塔高五级，在寺后，乃志公藏骨地。今塔已毁，用亭覆之，前有飞来剪，言从他处飞来者。又涧边有花纹白石一方，纹若龙蟠，呼为龙蟠石。（七）八功德水，在说法台后，所谓八功德者，一清、二冷、三香、四柔、五甘、六净、七不饐、八蠲疴等是。又以竹汲水入寺，呼为竹递泉。

七、钟山　车止造林场（约费小洋二角），然后循山径至小茅山小憩，再造其极。

钟山一名蒋山，汉末蒋子文逐盗死于此，又名紫金山，因山上时见紫云也。山顶有一人泉，水仅一勺，取之复生，登巅一览，怀襟豁然。

八、中山王墓　由中正街至中山王墓，车金约小洋二角余。

钟山北有明代伟人中山王墓，帝赐御碑至今尚存，凭吊之际，追念其人。

九、天堡城　由中正街至钟山麓，车金约二角，由山麓步登山巅。

钟山西峰之巅为天堡城，登之能俯视全城，形势险要，为兵家必争之所。光复南京时，以夺天堡城为最大之战绩，故事后特筑浙军纪念塔于其上，为永久之纪念焉。

十、地堡城　由中正街至地堡城，车金约二角余。

地堡城，即钟山西北麓之龙广山也，地亦险要，兵家亦常注意于此。

十一、汤泉　由中正街至汤泉，车金约六角，驴资同。

泉在龙潭汤山之下，大小数处，汤涧绕其东南，四时不竭，冬夏常温。近就泉结屋为浴堂，复开有旅馆、菜馆，游人往焉，闻凡常浴此泉者，可免皮肤病。

十二、栖霞山　由中正街至栖霞山，先至下关，然后乘沪宁车至栖霞山站下，车金详交通门。

山在金陵之东，一名摄山，有石塔、千佛岩、白乳泉、龙池诸胜。环寺植树木甚多，尤以枫树为最，故游此以秋为宜，宁人有"春牛首，秋栖霞"之说，盖以实有"霜叶红于二月花"之佳趣也。

乙、南路

一、夫子庙　由中正街至夫子庙，车金约六十文。

庙在秦淮河北岸，锁闭不许人游。庙之附近茶楼酒肆如林立，杂货摊亦以百数计，游人麇集于此。春来桃花水涨，即有人驾画舫往来游于秦淮河上，入夏尤甚，笙歌之声，高过行云。东为古桃叶渡，更东为钓鱼巷，妓馆多聚此处。

二、贡院　（同夫子庙）。

明永乐创建，为昔科举试场，今已改筑市场，仅存至公堂、明远楼、飞虹桥、衡鉴堂诸处，以作之古迹保留。

三、周处台　由中正街至周处台，车金一百二十文。

台为周孝侯读书处。在南门外，聚宝桥，低城接赤石矶，①明初开拓城垣，劈其半于城内。即今石观音后之台也。

---

① 在南门外，聚宝桥，低城接赤石矶：原书如此，疑误。

四、愚园　由中正街至愚园，车金一百文。

园在门西鸣羊街，即胡园。园内台榭池沼萦回曲折，颇极清幽之趣，而山石之玲珑，为金陵诸园冠。惜今为道院所据，不开放游览矣。

五、刘园　由中正街至刘园，车止雨花台下，向西由野陌行不一里即至。

园在聚宝门外，雨花台侧，为刘舒亭之别墅，亭阁桥梁皆就天然之势构造之，较之专恃人力经营者，别有幽趣也。但今已颓废，不复当年之胜矣。

六、雨花台　由中正街至雨花台，车金一百四十文。

台在聚宝门外，梁武帝时，云光法师讲经处也，有雨花之异，因以为名。其处有石子冈，产五彩石子，游人多购作纪念。其下有方孝孺墓、马回回墓、俞通海墓①。近年兵家视此处为必争之险，故无甚树木，斯为名胜之憾。

七、牛首山　由中正街至牛首山，车金约三角，驴金往返约六角。

山在江宁南门外二十余里，一名天阙山②，《建康志》："周回四十七里，高一百四十丈，晋元帝即位，起宫殿城阙。《宋史》：宗弼趋建康，岳飞设伏于牛首山败之。"即指此处。上有宏觉寺、辟支洞诸胜，山巅有石舍形似牛首，又有池一，冬夏不涸，相传为昭明太子饮马池也。原有浮图二，洪杨劫后，仅存其一。游人略付小费，即可在

---

① 俞通海墓：原书误作"逾通墓"。

② 天阙山：原书误作"天厥山"。

僧舍果腹，并可寄宿。

八、白鹭洲　由中正街至白鹭洲，车金八十文。

洲在城东南，周回十五里，李白诗："三山半落青天外，二水中分白鹭洲。"即指此处。

丙、西路

一、莫愁湖　由中正街至莫愁湖，车金一百四十文。

出水西门，西行里许，即至湖畔，有胜棋楼，闻为明太祖与中山王赌棋处，太祖败，遂以湖酬。故今湖产尚为徐姓所有。又有华严庵，庵内郁金堂悬卢女莫愁及中山王遗像。每当夏季荷芰满湖，游人煮茗纳凉，日凡数百。

二、清凉山　由中正街至清凉山，车金一百四十文。

山在汉西门北角，原名石头山，以近石头城也，一说山自江北皆无石①，至此始有石，故名，而石头城亦因此名，南唐徙建清凉寺于山半，遂易石头为清凉。其地古迹可考者有六：（一）翠微亭。南唐清凉故址，光复时亭毁于兵矣。（二）一拂先生祠。祠在山麓，宋监上安门郑侠以《上流民图》去国，仅存一拂，因以为号。（三）薛庐。薛蔚农先生掌教惜阴时校舍。（四）扫叶楼。为龚半千半亩园，清初扫叶僧居之，僧或半千托迹。游此可品茗抚槛，莫愁湖如明镜，长江如白练。（五）乌龙潭。在山下，旧说晋时有乌龙出现，故名。潭心有宛在亭，小堤接于岸。（六）驻马

———————————

① 一说山自江北皆无石：原书作"一说山来自江北皆无石"，据《同治上江两县志》改。

坡。诸葛亮驻马处也，即在乌龙潭侧。

三、随园 （在清凉山附近）。

袁简斋先生侨寓处也。因山筑基，引流为沼，有香雪海、蔚蓝天、群玉山头诸胜，悉毁于洪杨之乱。

丁、北路

一、北极阁 由中正街至北极阁，车金约一百二十文。

阁在钦天山上，历年失修，现已腐朽，只可瞻观，不能攀登。每至九十月间，山中菊花盛开，士女如云，为赏菊之举。山上每日放子午炮，为全城定时之标准也。

二、鸡鸣寺 由中正街至鸡鸣寺，车金约一百二十文。

寺在北极阁之旁，本梁同泰寺之故址，香火极盛，俗呼为观音楼。寺内大殿宏旷，空气鲜洁，僧人备有香茗，以飨游客，其价不定，由游客随给。内有豁蒙楼，即旧凭墅处，面山枕城，下临桑泊，湖中凫雁历历可数，而值荷花盛时，尤多奇景。（所见乃玄武湖）

其侧有胭脂井，亦古迹也。昔陈后主、张丽华、孔贵妃被辱处，故一名辱井，雨后以帛拭井栏石脉，作胭脂色，故称胭脂井。

三、台城 由中正街至台城，车金约一百二十文。

晋成帝建之，在鸡鸣寺之北，梁武帝被困于侯景，饿死于此。

四、玄武湖 由中正街至玄武湖，车金约小洋一角五分。

一名后湖，在丰润门外，分为老、新、长、麟、趾五洲。湖影天光，一碧千顷。盛夏之时，芰荷覆水，红裳翠盖，娉娉动人，风景佳绝。老洲上有湖神庙，曾涤生公所建也，庙内售茶，其价随给。旁有陶公亭，端方公所建也，辛亥光复后，改为六君子祠（戊戌倡变者）。又产樱桃，四月间游人益甚。

五、燕子矶　由中正街至燕子矶，先乘车至观音门，车价小洋三角，后步行即达。

出神策门东北行十余里，即达观音门，再北行则抵燕子矶，矶石突出江上，形若飞燕，故名燕子矶。乾隆南巡，曾驻于此。远眺江北诸山，阜陵起伏，俯瞰江流，波涛浩瀚，洵壮观也。临此矶头，必须谨慎，万一失足，则生危险。

六、永济寺　（车金与至燕子矶同）。

由燕子矶西行则至永济。相传清初默默方丈所住，后有自在天。殿左危崖峭壁，上有铁索穿石系练，疑是铁索横江所遗之练，故世有"沿山十二洞，铁索练孤舟"之说。

七、沿山十二洞　（车金与至燕子矶同）。

永济寺西，幕府山麓，沿山有十二洞，奇险可怖，为金陵风景之最幽逸者。从永济寺西行，过上台洞、二台洞，而至三台。洞内有吴道子石刻观音像，又有观音泉，水清见底。左横一木板，立于板上，可仰瞻一线天，即俗谓碟大之天也。右入神仙洞，拾级而上，阶道崎岖，历六折始达其巅。上有玉皇阁，临风四望，江天一色，孤帆远来，隐隐可辨，远眺之胜，以此为最。

第八篇　各种商店

南京百货充陈，大小商店，不下数千余家，焉能一一罗而志之，兹仅择其范围较大之商店，或该货为吾人日常需用者，分录于左：

一、洋行

行名	行址	电话
和记洋行	下关宝塔桥	下关四九〇
三星洋行	下关升顺里	下关三七三
三星洋行	城内大功坊	城内三一三
怡和洋行	下关江口	下关四六七
双龙洋行	商埠局街	下关三一九
前田一二洋行	坊口街	城内一二
吉村洋行	府东街	城内二一一
大福洋行	府东街	
筱崎洋行	驴子市	

二、公司

公司名	地址	电话
大兴煤矿公司	水西门内	城内一〇一六

利宣煤矿公司	汉西门外	城内四五一
中兴煤矿公司	下关二马路	下关四七一
天生煤公司	天保路	下关二二〇
利康煤矿公司	惠民桥福陵里	下关二一二
唐晋记煤矿公司	二马路	下关四六八
大同面粉公司	三汊河	城内三三〇
方仪大面粉公司	汉府街	城内五八〇
盛记面粉公司	承恩寺	城内八七〇
德成面粉公司	北门桥	城内一〇七四
德泰面粉公司	油市大街	城内二九四
德兴面粉公司	坊口	城内六〇七
恒丰面粉公司	天保路	下关三九一
茂新面粉公司	鲜鱼巷	下关四六九
华安人寿保险公司	中正街	城内二〇七
永年人寿保险公司	大马路	下关三五六
友邦人寿保险公司	平江府街	
华嘉保险公司	黑廊街	城内五六四
保家火险公司	龙江桥	下关五六八
慎昌洋行保险公司	仪凤门外	下关二八一
南洋烟草公司	驴子市	城内七一六
花旗烟公司	杨公井街	
永泰和烟花公司	丰润门	下关四九八
英美烟公司	萨家湾	下关三八九

南洋烟草公司	商埠局街	下关三八七
宝泰香烟公司	大马路	下关二六六
恒得利钟表公司	大功坊	城内六三九
纽约行手表公司	府东街	
美利坚手表公司	府东街	
德意志钟表公司	太平街	
大西洋手表公司	大马路	下关五〇三
亨得利钟表公司	黑廊大街	城内四二九
瑞泰恒转运公司	讲堂街	城内二五四
鑫记转运公司	讲堂街	城内六三六
中国运输公司	下关车站	下关五〇二
公益兴转运公司	三马路	下关二三七
永泰隆转运公司	宁省车站	下关五三三
协商转运公司	铁路桥	下关四八七
通益转运公司	宁省车站	下关三四七
华盛义转运公司	宁省车站	下关四五四
捷运公司	铁路桥	下关四一八
汇利转运公司	铁路桥	下关二四五
铭记转运公司	铁路桥	下关五三六
德合长转运公司	龙江桥	下关五五一
中国运输公司	浦口大马路	浦口一八
中孚转运公司	浦口大马路	浦口四四
捷运公司	浦口元兴里	浦口一六

恒记转运公司	浦口大马路	浦口五五
承余蛋公司	南门外	城内四七八
永余蛋公司	龙江桥	下关五二〇
光华灯罩公司	淮清桥	城内七七五
马玉山糖果饼干公司	坊口街	城内一〇二九
马玉山糖果饼干公司	惠民桥	下关三五四
义兴祥洋碱公司	木料市	城内四七三
锡成印刷公司	花牌楼	城内一一〇〇
华侨鼎立建业公司	仪凤门内	下关二四一
华胜洗染公司	鲜鱼巷	下关三〇四
顺和洋灰公司	二马路	下关二九五
瑞记煤油公司	鲜鱼巷	下关五九一
汇通公司	邓府巷	下关四三六
鼎通公司	沪宁车站	下关二三六

三、车行

行名	行址	电话
丁三马车行	鼓楼东	城内六七一
王金记马车行	二郎庙	城内七四三
飞龙马车行	花牌楼	城内二八四
祥麟马汽车行	利涉桥	城内四五
祥泰马车行	中正街	城内一〇二一
富记马车行	四象桥	城内四六八

聚兴汽车行	奇望街	城内四一八
德泰马汽车行	淮清桥下	城内八三〇
龙泰马车行	中正街	城内四三四
龙翔马车行	中正街	城内六四八
宝泰马车行	中正街	城内六一九
宝大马车行	中正街	城内七五七
宝泰马车行	贡院街	城内四四一
花园饭店马车行	下关街	下关四〇九
生昌汽车行	大马路	下关五九四
有昌汽车行	大马路	下关二一九
源昌兴记汽车行	大马路	下关五七九
严华泰汽车行	大马路	下关五五四

四、银行

行名	行址	电话
中国银行	珠宝廊	城内一六五
中国银行	鲜鱼巷	下关四三九
交通银行	中正街	城内三五一
交通银行	大马路	下关四一一
江苏银行	黑廊街	城内一七一
江苏银行	惠民桥西	下关四六一
劝业银行	大功坊	城内九八三
劝业银行	江口	下关五〇五

大陆银行	中正街	城内八六
大陆银行	鲜鱼巷	下关五二九
上海商业储蓄银行	北门桥	城内五三二
东南植业银行	黑廊街	城内三三七
上海银行	鲜鱼巷	下关四八一
金城银行	大马路	下关四四六

五、钱庄

庄名	庄址	电话
庚源钱庄	承恩寺	城内一六三
仁泰昌钱庄	李府巷	城内四〇五
延康钱庄	黑廊	城内五三九
庚新钱庄	评事街	城内三二
晋丰钱庄	花市街	城内六〇九
乾源钱庄	府东街	城内七二六
巨源钱庄	南门大街	城内八五五
巨昌钱庄	北门桥	城内八六〇
元丰钱庄	惠民桥	下关五九五
道生钱庄	惠民桥	下关五三八
泰和钱庄	铁路桥	下关三九七
晋和钱庄	邓府巷	下关五一四

六、银楼

楼名	地址	电话
新庆和银楼	花市街	城内二二〇
庆华银楼	使署口	城内一六七
宝庆银楼	承恩寺	城内二五五
宝兴银楼	三山街	城内二八二
新凤祥银楼	鲜鱼巷	下关六〇〇

七、广货店

店名	店址	电话
晋大广货号	承恩寺	城内四一五
裕成永广货号	府东街	城内七五
庆福广货号	三山街	
庆大广货号	使署口	城内三〇五
王永大广货号	水西门	城内四二七
王顺兴广货号	马巷	城内九八八
车耀记广货号	水西门	
协兴和广货号	坊口街	城内二四
同鑫祥广货号	北门桥	城内九七四
锦昌祥广货号	北门桥	
陈可园广货号	府东街	城内一〇二七
陈顺兴广货号	坊口	城内八三四

聚和广货号	三坊巷口	城内九二六
德源祥广货号	唱经楼	城内六九九
穆同兴广货号	水西门内	城内五七五
广生行	大马路	下关五六四

八、绸布

店名	地址	电话
天福绸布庄	承恩寺	城内八四三
庚大绸布庄	黑廊街	城内一五三
庚大东绸布庄	黑廊街	城内一五五
康龄绸布庄	三山街	城内二〇五
大康绸布庄	大功坊	城内三八三
大盛绸布庄	坊口	城内三七三
大成祥绸布庄	水西门街	城内七九三
瑞丰和绸布庄	府东街	城内七四九
聚源祥绸布庄	黑廊	城内二一五
亿泰和绸布庄	行口	城内七四八
天成绸布庄	大马路	下关四五一
泰成绸布庄	大马路	下关三五二
同昌恒绸庄	黑廊巷	城内三四〇
天纶绸庄	三山街	城内三五三
金和绸庄	黑廊街	城内二五一
恒大源绸庄	望鹤楼	城内四二二

恒义隆绸庄	金沙井	
恒兴布庄	承恩寺	城内九六二
大吉祥布庄	南门大街	城内七二四
永康布庄	油市大街	城内二六一
信成布庄	吉祥街	城内八九四
裕丰祥布庄	府东街	城内一三七
裕丰永布庄	北门桥	城内八八二

九、缎号

店名	地址	电话
天祥缎号	胭脂巷	城内二六六
公裕缎号	平章巷	城内八一九
胡亿兴缎号	估衣廊	城内八四四
春记缎号	信府河	城内八九五
莫钰记缎号	洋珠巷	城内八六九
杨豫隆缎号	小膺府	城内八五八
曹隆聚缎号	城北鸡鹅巷	城内八五九
黄锦昌缎号	三坊巷	城内一〇一四

十、衣庄

店名	地址	电话
大裕衣庄	三山街	城内三九七
正泰衣庄	三山街	城内三四八

保华衣庄	三山街	城内九九五
德源衣庄	三山街	城内一一四
庚源裕衣庄	三山街	城内三一一
张义泰衣庄	鲜鱼巷	下关三九〇
德源裕衣庄	鲜鱼巷	下关五四二
森泰源衣庄	城内府东街	

十一、鞋铺

店名	地址	电话
联陞成鞋铺	驴子市	城内七一七
履吉祥鞋号	府东街	城内八八九
三聚鞋铺	府东街	城内九一九
三庆鞋铺	府东街	
华胜敦鞋号	承恩寺	
三晋鞋号	府东街	
三晋鞋号	鲜鱼巷	下关二一三
新嘉福鞋号	三马路	下关二七四
联陞成鞋号	鲜鱼巷	下关四七三
王祥兴皮鞋号	花牌楼	
张顺兴皮鞋号	花牌楼	城内七六二
公兴皮鞋号	花牌楼	
沈隆兴皮鞋号	花牌楼	
庚辛皮鞋号	府东街	

十二、茶酒

店名	地址	电话
大生祥茶庄	行口	城内四九三
和春茶庄	坊口	城内四九七
祥泰茶庄	吉祥街	城内八〇九
陈泰和茶庄	三坊巷口	
徐源记茶庄	三坊巷内	
叶同春茶庄	承恩寺	城内四五二
苏泰来茶庄	南门大街	城内七四七
苏同茂茶庄	鲜鱼巷	下关三一七
华丰裕酒厂	通济门外	城内二二一
济丰烧酒厂	通济门外	城内七八五
秦复兴酒栈	花市街	
恒大酒庄	东牌楼	
同源茂酒栈	惠民桥	下关五二三
华丰裕酒庄	鲜鱼巷	下关五九二
万美烟酒号	永宁街	下关二九八

十三、南货

店名	地址	电话
大同茶食号	评事街	城内四七二
均昌泰南货号	北门桥	城内四四八
金万源茶食号	行口	城内八〇八

春记南货号	大板巷	城内三七〇
涌祥生南货号	唱经楼	城内九三八
萃奇南货号	彩霞街	城内三六六
鼎泰永南货号	汉西门	城内六五一
德和南货号	新桥下	城内九五四
蔡长河南货号	大行宫	城内八〇一
开泰南货号	吉祥街	城内六七七
聚美祥食号	顾楼街	
义隆茶食号	承恩寺	
天福茶食号	东牌楼	
裕源永南货号	邓府巷	下关三三七
广万隆南货号	三马路	下关二一六

十四、鸡鸭

店名	地址	电话
公和祥鸡鸭行	老江口	下关三九五
震泰祥鸭行	老江口	下关三七二
宏源鸡鸭铺	大马路	下关三三二
高锦源鸡鸭铺	薛家巷口	城内八三六
宝源祥鸡鸭铺	吉祥街	
嘉盛坊鸡鸭铺	中正街	
韩复兴鸡鸭铺	黑廊街口	
刘天兴鸡鸭铺	东牌楼	

十五、油号

店名	地址	电话
亚细亚洋油栈	仪凤门外	下关四一〇
福记洋油栈	评事街	城内二一三
福记洋油行	彩霞街	城内二五八
瑞记煤油号	汉西门外	城内三三六
成记油号	南门大街	城内三八二
永生和油号	油市大街	城内二六一
泰和油号	徐家巷西	城内四五八
奇大油号	油市大街	城内七五二
涌生油号	水西门	城内四四六
福源永油号	彩霞街	城内一七
达记油号	水西门下河街	城内四五九
徐恒大油号	钞库街	

十六、纸号

店名	地址	电话
王吉源纸号	大功坊	城内一六〇
衍波楼纸号	三山街口	城内七一一
成章纸号	奇望街	城内四三六
九华堂纸号	奇望街	城内七二九
振凤楼纸号	奇望街	城内一五六
绣凤楼纸号	三山街口	城内二八〇七

鸣凤楼纸号	南门大街	城内四八
美大纸号	坊口	城内三四二
又新斋纸号	吉祥街	城内二四〇
卜礼记纸号	顾楼街	城内八〇六
大生纸号	府东街	城内三〇九
凌云阁纸号	吉祥街	城内三〇四
礼记纸号	新街口	城内九七一
元吉祥纸号	鲜鱼巷	下关五九七

十七、药号

店名	地址	电话
老广和药号	东牌楼	城内四四六
童恒春药号	顾楼街	城内二七三
张泰和药号	黑廊街	城内七五四
泰和生药号	油市大街	城内八三七
永寿昌药号	淮清桥	城内八〇七
张天一药号	大中桥	城内九四〇
德泰永药号	油市大街	城内七四六
戴福昌药号	水西门外	城内八二四

十八、照相馆

馆名	馆址	电话
美丽生照相馆	估衣廊	城内七八〇

惟肖照相馆	贡院街	城内四〇
庐山照相馆	贡院街	城内六七六
金陵照相馆	花牌楼	城内五六九
日商田美照相馆	花牌楼	城内五〇八
美大照相馆	贡院街	
容芳照相馆	全福巷	
锦明照相馆	贡院街	
中华照相馆	奇望街	城内一〇四六
美伦照相馆	贡院街	城内九九二
美真照相馆	贡院街	城内六六九
新华照相馆	贡院街	城内六九七
东方照相馆	卢政牌楼	城内五七三

十九、书局

店名	地址	电话
共和书局	花牌楼	城内三二三
世界书局宁发行所	花牌楼	城内三三三
江南官书局	贡院街	
商务印书馆	花牌楼	城内一八七
商务印书馆	下关	
中华书局	花牌楼	城内二四三
中华书局	下关	
南洋图书馆	花牌楼	

中国图书馆	花牌楼	
乐天书馆	马府街口	
启明书社	马府街口	
文化仪器馆	花牌楼	
有正书局	奇望街	
南京图书仪器馆	太平街	城内一〇一九
李光明书庄	秦状元巷	
李光明庄	状元境	
渊海书局	状元境	
昌明书局	状元境	

二十、报馆

馆名	馆址	电话
南京报界联合会	东牌楼	城内四九二
金陵新闻记者俱乐部	东牌楼	城内四九一
寰球新闻通信社	贡院西街	城内五八四
新开通信社	东牌楼	城内四九二
新闻报分馆	奇望街	城内五五〇
时报分销处	奇望街	有正书局
申报分销处	奇望街	有正书局
南方日报馆	姚家巷	城内四〇四
大江南报馆	羊皮巷	城内二六二
中华报社	大夫第	城内三八五

社报馆	东牌楼	城内四九二
立言报馆	贡院街	
新政闻报馆	石坝街	
谏鼓报馆	针巷	
下关市民日报社	慧圆巷	
晨钟报馆	针巷	
国闻报馆	龙门街	
东亚报馆	油坊巷	
江东报馆	千佛庵	

（终）

附江宁铁路

由江口开往各站时刻 （·代表点字）

站名　次数	江口开	下关开	三牌楼开①	丁家桥开	无量庵开	督军署开	中正街到
一次	五·四十分	五·四十四分	五·四十三分①	五·五十八分	六·〇三分	六·十五分	六·二十分
三次	七·三十分	▲七·四十分	七·四十九分	七·五十四分	八·	八·十分	八·十五分
五次	九·五十分②	九·二十二分	九·三十二分	九·三十八分	九·四十四分	九·五十六分	十·
七次	十一·十分	十一·十七分	十一·二十七分	十一·三十三分	十一·三十九分	十一·五十分	十一·五十五分
九次	一·十分	▲一·十七分	一·二十七分	一·三十三分	一·三十九分	一·五十分	一·五十五分
十一次	三·十分	▲三·二十分	三·三十分	三·三十六分	三·四十一分	三·五十二分	三·五十八分
十三次	五·十分	五·十七分	五·二十七分	五·三十分	五·三十九分	五·五十分	五·五十五分
十五次	七·十分	七·十七分	七·二十六分	七·三十一分	七·三十七分	七·四十分	七·五十二分
十七次	九·	▲九·〇七分	九·十七分	九·二十三分	九·三十分	九·四十分	九·四十五分

▲此系接宁沪车记号

① 五·四十三分：疑为"五·五十三分"。

② 九·五十分：疑为"九·十五分"。

由中正街开往各站时刻　行车时刻表

站名＼次数	中正街开	督军署开	无量庵开	丁家桥开	三牌楼开	下关开	江口到
二次	▲六·三十分	六·三十六分	六·四十六分	六·五十一分	六·五十六分	七·〇六分	七·十分
四次	八·二十分	八·二十六分	八·三十五分	八·四十分	八·四十五分	八·五十五分	九·
六次	▲十·〇五分	十·十一分	十·二十一分	十·二十七分	十·三十三分	十·四十五分	十·五十分
八次	十二·〇五分	十二·十一分	十二·二十一分	十二·二十七分	十二·三十三分	十二·四十五分	十二·五十分
十次	▲二·〇四分	二·十一分	二·二十一分	二·二十七分	二·三十三分	二·四十三分	二·四十八分
十二次	四·十分	四·十六分	四·二十六分	四·三十二分	四·三十八分	四·四十八分	四·五十三分
十四次	六·〇五分	六·十一分	六·二十一分	六·二十七分	六·三十三分	六·四十四分	六·五十分
十六次	八·	八·〇六分	八·十六分	八·二十一分	八·二十七分	八·三十八分	八·四十三分
十八次	▲十·	十·〇五分	十·十六分	十·二十一分	十·二十六分	十·三十六分	十·四十分

民国十三年实行　车务总管谨订

▲此系送沪宁车记号

甯中旅館	泰來旅館	審臺旅館	亞洲旅社
旅館	旅館	旅館	旅館
城內中正街	城內中正街	城內中正街	下關江邊馬路
城內 三三四	城內 八八	城內 一九	下關 五二二
房間雅緻大小或備用具完全食品清潔 茶房同候周到荷裝駕沛竭誠歡迎	本主人慕遊歷省悉旅客艱難爰集巨資創設旅館為中正街之首倡房間清潔館餚衛生茶房勤求各旅館之冠他如電話按摩等具用俱等莫不體其站入微應有盡有幸惠願焉	本館開設南京中正街不惜巨資特加置時式床榻綢布被褥衛生適宜呼應靈便諸君賜顧價目格外克己　本館白	本社開設有年房間寬敞空氣實足交通便利飲食潔淨照應周到價目克己如蒙光顧無任歡迎

商務廣告

請注意下列……各大商號…

店名	何種商店	開設地址	電話號數	本號特別優點
六朝覽勝樓	茶菜社	利涉橋	城內 一七七	名菜細點特別宵夜改良邊爐中西大菜。
棄記小樂意	酒席館	貢院西街	埤 城內 一〇〇四	座地清幽招待特別。包辦酒席應時小吃味美價廉各界贊及
交通泰記	旅社	下關二馬路	下關 二〇一	三層洋樓百號房間一切佈置精美服伺周到價目極廉照打七折歡迎來賓

何首烏精粉

此精粉在民國初年方始發明近出長
生廠以新法製造提鍊純潔爲養身袪
病之聖品裝璜美麗饋贈尤宜聞其原
料悉採直正生何首烏即紫金山所產
者江蘇地方物品展覽會並特給獎章
以示提倡

每大盒售洋一元
樣盒售洋二角

總售處南京中正街交通旅館內

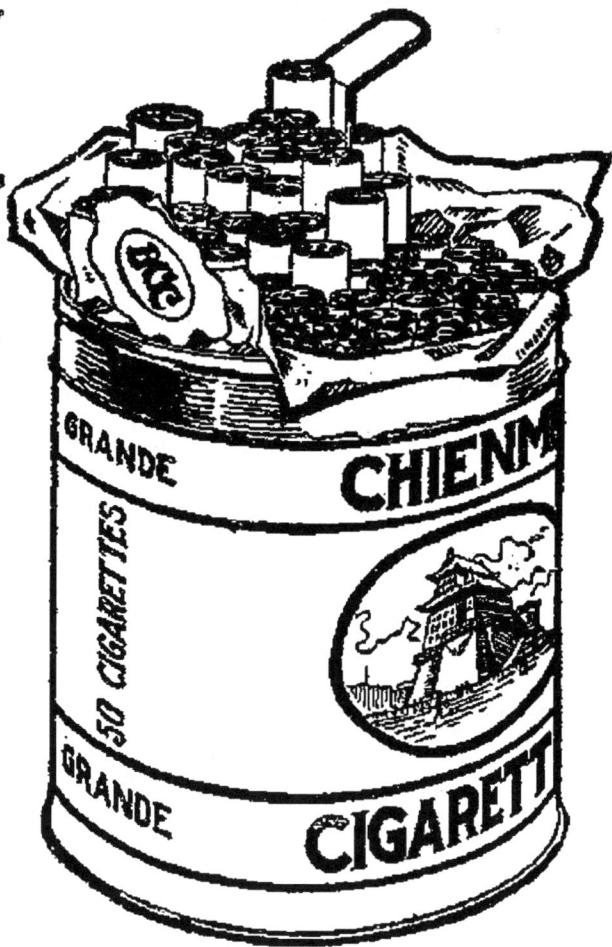

大前门

看登峯造極必香

南京游览指南

（民国）陆衣言　编

南京出版传媒集团

南京出版社

目　录

南京

下關及關口

圖例

墳墓	車站	碼頭	公署	寺院	醫院	學校	馬路	鐵路	橋梁	山形	城門	城牆

例　言

一、本书分十二章，详载关于游览的各种事项，专作游览南京者的向导。

一、本书特附最新简明南京地图一幅，凡山水、街道、铁道、公署、学校、工厂、商店、寺庙、医院等，无不详备。印刷清楚，极便检查。

一、本书把名胜古迹，分为六路，各路记载极详，约占全书文字二分之一；并附铜版图三十五幅，以便游览者，按图寻访。更有详细的行程，以备初到南京的游客，可以按照顺序游览。

一、本书把南京的街道和交通情形，详为说明。其他如食宿游览等旅客应知的事项，也极详备，以便旅客随时查考。

一、本书把公署、学校、工商业等重要机关，详载名称、地址、电话号数等，以便各界到宁者的检阅。

一、本书特地把南京的著名物产，一一介绍，以便旅客选购，携回赠送亲友。

一、本书书末，特备笔记空格、旅费收支表、人名录、书信收发表等，以供游客随时笔记之用。

一、南京市政建设，时有增减，日新月异；调查不周处，和出版后的变迁，请阅者诸君，随时函告，以便重版时更正。

一、本书承沈仲约、吴安荣两位先生，帮我调查，书此志谢。

衣言附注

第一　南京概说

一　沿革

南京，在春秋时，是吴地。战国时，属楚地，定名金陵。秦时，改名秣陵。孙吴时，改名建业。晋时，改名建康。唐至德间，改名江宁。到了明太祖时，改称应天府；成祖时，又改称南京。清时，又把南京改为江宁府。民国元年，临时政府组织于此。后来废府存县，改为江宁县，属金陵道，是江苏省的首县。民国十六年，国民革命军克南京，改为特别市。并遵照孙总理的主张，将国民政府由武昌移此，定为首都。

二　区域

南京特别市的区域，西北以长江为界。东南以东后庄、平牛村、尧化门、仙鹤门、麒麟门、上村、中花园、孙家巷、上方门、宋家庄、铁心桥、西善桥、沙州圩、大胜关为界。现在南京特别市政府拟将浦口及浦镇划入市区。

三　城垣

南京本有内外两城。外城周围，共一百八十里。辟门十八，基地早废，仅存其名。门名有姚芳、仙鹤、麒麟、沧波、高桥、上方、夹冈、双桥、凤台、大安德、小安德、驯象、江东、佛宁、上元、观音、栅栏、外金川等。内城周围，九十六里。辟门十六，东有玄武（旧名丰润）、太平、中山（旧名朝阳）三门；南有光华（旧名洪武）、通济、武定、中华（旧名聚宝）四门；西有挹江（旧名海陵）、定淮、清凉、汉西、水西五门；北有和平（旧名神策）、钟阜、金川、兴中（旧名仪凤）四门。武定门是新辟的，专便取水，不通城外大道。

四　地势

南京地据江苏省境的西南，当长江南岸，上达荆、湘，下通苏、沪，航路极便。东屏钟山，北枕狮子山，南控雨花台，都是天然的要塞。城内西有清凉山，东有北极阁，也足以防守。龙蟠虎踞，本是我国东南的重镇。并且自从下关、浦口辟埠以后，可握舟车交会的枢机；沪宁、津浦联接以后，可扼南北交通的咽喉，确是我国的第一名城。

五　名迹

南京，是古代帝王的都城，名胜古迹，很多很多。现为便利游览起见，以城内中正街为中心，分为东山路、南山路、西山路、北山路、中山路、栖霞路六路。

一、东山路：东山路，以钟山为主；其余如古物保存所、明故宫、半山寺、明孝陵、紫霞洞、中山陵、灵谷寺、南汤山等。

二、南山路：南山路，以聚宝山和牛首山为主；其余如第一公园、秦淮公园、秦淮河、夫子庙、贡院、胡园、周处台等。

三、西山路：西山路，以清凉山为主；其余如朝天宫、莫愁湖、薛庐等。

四、北山路：北山路，以幕府山为主；其余如燕子矶、观音阁、头台洞、二台洞、三台洞、狮子山等。

五、中山路：中山路，以钦天山为主；其余如鼓楼公园、大钟亭、鸡鸣寺、台城、胭脂井、五洲公园等。

六、栖霞路：栖霞路，以栖霞山为主。

第二　东山路

一　明故宫

明故宫，俗名皇城。在城的东南隅，中山门的西边，光华门的北边，太平门的南边。明太祖定鼎后，填燕雀湖，建筑宫殿于此。到了成祖时，迁都北京，宫殿巨材，尽移北上；故在明时，宫殿已不完备。后又屡遭兵劫，旧迹尽废。所存遗迹，不过破墙和门基等罢了。正南有门洞五，就是从前的午门。门内偏东有高墙，相传是从前冷宫的故址。午门门外正南有外五龙桥；门内正北有内五龙桥，桥北就是故宫的遗址。宫北有北安门楼基。宫前，东有东安门，西有西安门。西安门的西面，有长方形的台一座，台下有三个穹门，就是西华门。门上的城楼，楼旁的城墙，都已圮废。现在午门门洞内，储藏军械，禁止游览。

明故宫午门

二 南京古物保存所

南京古物保存所，在内五龙桥的北边，适当故宫的旧址。所门南向，正对午门。门内有石路，两旁有竹篱，篱内有小亭、花木，布置尚雅。距门十数步，有西式二层楼房一所，楼下数间通连，陈列砖、瓦、寺碑、井栏，以及前方正学就义沥血所溅的血瘢石等。楼上，分东西两部，陈列画像、古器等历代古物。除星期一休息不开放外，余均任人参观。

南京古物保存所

三 半山寺

半山寺在中山门内的北面。内城到钟山，此为半道，故名。寺本是王荆公的故居。宋元丰七年，荆公病愈，请以宅为寺，赐额保宁禅寺。寺前有半山园；寺后有谢公墩。

四 钟山

钟山，在中山门外的东北。旧称蒋山，后因山上发现紫霞，故又名紫金山。山周约六十里，高约一百六十余丈。山巅有一人泉，仅容一勺，挹之不干。西有黑龙潭，上有七佛庵，相传是萧统讲经的地方。庵后有太子岩，又名昭明书台。山的西峰顶上，是天堡城。地势险要，筑有炮台，是城东的要害。旁有浙军纪念塔，以志浙军光复南京的战绩。山的西北麓，是地堡城，形势也极险要。山阴有中山王墓。

钟山

五　明孝陵

明孝陵，在钟山的阳面，俗称独龙阜。陵前有华表、石兽、翁仲文武各四，对立陵道两旁。四周围以红墙，入门有三碑并列。中为康熙时所立，题"治隆唐宋"四字；左右两碑，是乾隆所题的《谒陵诗》。正门北面，是飨殿，中供太祖神位，后悬太祖遗像。此殿是近年新造的，殿材单弱，建筑也很简单。殿后有门，正北有一座高大的祭坛，建筑宏壮，令人奇骇。坛下有隧道，穿隧道可登坛顶。坛高约五丈许，纵目四望，景物尽收眼底。坛上稍北，有墙壁周立，向南有三门，已多坍坏。坛后土石成山，松柏错杂，是太祖埋骨的地方。

明孝陵

六　紫霞洞

紫霞洞，在明孝陵的东边，钟山的南麓。进山门约半里许，就是百子桥。过桥上石级，进观音大殿。殿后有说法洞，洞中供志公像。洞旁有如意泉，及志公殿。出观音殿，由殿后小道，到老君殿。殿后就是紫霞洞，洞中可容十数人。洞旁有泉水，源源不绝。雨后泉水涌出，成为瀑布，非常好看。出老君殿，下石级，经龙门桥还原

紫霞洞

路出山门。又百子桥的西南，有小路可通明孝陵。东南小道，可通中山陵。

七　中山陵

孙中山先生陵墓，在紫金山之中茅山的南坡。东以灵谷寺为界，西以明孝陵为界，南达中山路。墓地的布置，略成一大钟形。陵门辟三洞。门内有广场，可容五万余人。门内广场中央有石道，直达祭堂平台下的石级。祭堂平台，高四十五尺。平台前面，有石级三层：第一层十八级，第二层三十级，第三层四十二级。平台四周，都有石栏。祭堂在平台的中央。祭堂辟三门，门名民族、民生、民权。祭堂顶上，中央是青天白日，四面平顶，满缀小青天白日，地面铺以白石。祭堂四面石壁上，刻有胡汉民写的中山先生《遗嘱》及《建国大纲》等文。祭堂后壁中央，就是墓门。门上有"浩气长存"四字。门前有"孙中山先生之墓"石碑。进双重铜墓门，就是圆形的墓室。墓室中央，安置石椁，绕以石栏，以供瞻仰。

中山陵

八　灵谷寺

　　灵谷寺，在中山陵的东边。进头山门，山门上有"深松觉苑"四字。由石道走一里许，经过西圆桥，就是二山门。二山门内，松树成林，古木参天，十分幽雅。进二山门走百余步，上石级，就是金刚殿。殿后是大雄宝殿，殿中供如来佛。大殿后边，有无量殿。无量殿年久失修，只剩东边一部，开一小门，无量殿的后边，有飞来剪；剪是铁制的，深埋土中，旁有一碑。再北是志公塔院。院前有一宝公像碑。像是吴道子画的，并有颜真卿写的《李太白像赞》。再上石级，就是塔院。塔原有五层，后毁于兵，今改建一亭，以志纪念。塔院后面，有说法台遗址。又从志公塔院往东南行，到龙王殿。大殿中供灵谷龙王神位。殿东有花厅，厅前院中有牡丹花坛，春季开花，瓣大色美。殿西是库房，房前院中，有桂花树两棵，秋季开花，满山闻香。龙王殿的东北，有龙池；池中有水，终年不干。

灵谷寺

九　南汤山

南汤山，在南京城的东边，离城约六十余里。汤山的东南，有泉源七处，温度都是摄氏四十度强。这温泉，是石灰矿泉的一种，含钙量很多，入泉浴身，可除百病。近年由地方人士，创设公司，购地造林，集资修路，建筑汤山饭店，以供游览。汤山东边，有陶席三的陶庐和汤山俱乐部，布置清雅，设备完善。并有浴所，供人沐浴。附近也有旅馆和饭店，可供游人食宿。

南汤山

第三　南山路

一　第一公园

第一公园的园址，在通济门内，复成桥的东南。园地面积，四十余亩。园门内中央，有总理遗嘱碑；碑后有陈烈士纪念碑文。由碑左向东进，经桃花场、花石山、金鱼塘、玩月亭、西花架、歌舞亭、梅花场、樱花场，到烈士祠。祠内北部中央，有一高台。台上陈列"国民革命军阵亡将士""国民革命军北伐将士""国民革命军维护首都阵亡将士""烈士韩复炎先生""一一·二二惨案死难烈士"等神位；壁上满悬烈士、将士等姓名表及照像。两边耳房，布置整洁，可供休息。出祠向南行，经纪念碑（碑方形）。北面是李宗仁的《龙潭阵亡烈士祠碑记》，东面有薛笃弼写钮永建记的《讨孙阵亡将士纪念文》，南面有蒋中正的《龙潭阵亡将士纪念文》，西面有何应钦的《龙潭讨孙军阵亡将士纪念文》。东花架、合作商店、花房、花坛、紫藤架、运动场、机器房、水

第一公园烈士祠

塔，折西到博物馆。馆内陈列明清书画、碑帖、陶器、瓷器、武器、衣服、模型等物。出博物馆，再向西行，经樱花场、八角烈士塔、喷水池、青白影戏院、草亭、弹子房，到图书馆。馆内除日报外，有图书一千余种，五千余册。可供游人阅览。出图书馆向西行，经八卦图、动物场、荷花池、荷心亭，折北就是逍遥游。该处备有茶点，专备游人解渴充饥。再往北行，经桃李园、木香架、小花园，到公园管理处。再北就是园门。烈士祠、博物馆、图书馆等的开放时间，每天上午八时至十一时三十分；下午一时至六时。入园游览，园资每人铜元五枚。

二　秦淮河

秦淮河的水源，有二：一、西源在溧水的东庐山；二、东源在句容的茅山；至方山会合，环流于南京城内外的东南部。秦淮河从复成桥以南，到武定桥以北的一段，最足游览。复成桥南，有公共体育场、省立通俗教育馆。馆址，本是清蔡和甫所筑的韬园。前临青溪，北枕钟阜，风景至

秦淮河

佳。南行出大中桥，南是桃叶渡，是六朝的艳迹，相传是王子敬迎妾桃叶渡江的地方。再西行出利涉桥，北岸有贡院、夫子庙；南岸有乌衣巷，是晋王谢的故居。再南出武定桥，北流出城。游人常坐画舫，在这一带往来游行，夏季尤盛。

三　秦淮公园

秦淮公园，在秦淮河的北岸，贡院街的南边。该园由市政府建造，于十七年八月间落成。园内中央，有一八角茅亭，可供游人休息。园东有滑桥、平台、秋千等运动器具，可供游人自由运动。园地虽小，布置尚称整齐。园南有画舫埠头，可雇船游河。

秦淮公园

四　贡院

贡院，在秦淮河的北面，是科举时代举行乡试的地方。院前房屋，已改建商场，极为热闹。院中有明远楼，楼高三层，登楼凭眺，秦淮诸景，历历在目。后有至公堂、衡鉴堂等处。现已改为南京特别市政府。

五　夫子庙

夫子庙，在贡院的西边，秦淮河的北岸。庙已荒芜零落。可是庙前一带，茶菜馆林立，十分热闹。河岸石栏外，全是茶舫、画舫，供游人雇用。

夫子庙前

六　胡园

胡园又名愚园，园址在中华门内鸣羊街，园中有大水池一。池南有胡氏墓道、孝子坊等，池西有忧月簃、旷野亭、延青阁等；旷野亭一带，有桃花数十株，春季开花，娇艳可爱。池北有养俟山庄、揖蒋亭①、水阁等；池东有双桂轩、集韵轩、清远堂、孺慕亭等。园内假山，堆砌玲珑，结

胡园

① 揖蒋亭：原书误作"掉蒋亭"。

构精巧；亭台楼阁，布置清幽；修竹乔木，十分古雅。入园游览，券资一角。

七　周处台

周处台，在中华门内石观音三条营。台为西晋周孝侯读书处。侯是宜兴人，幼时好勇，不修细行。到了吴时，才励志读书。后从夏侯骏西征，死于齐万年之难。

八　雨花台

聚宝山，在中华门外的南面，即雨花台。相传梁武帝时，有云光法师坐山巅说法，感天雨宝花，因以为名。上山路北，有方公祠、卓公祠、节孝祠等。再进是第二泉（又名永宁泉）茶社。茶社院内有泉眼两个，泉水味甘而柔。泉东有阁，据地较高，可以远眺。茶社的对面，是永宁寺。再东行，路南是高座寺，又名甘露寺。寺的东南，有岗隆起，筑有炮台，是南京城南的要害。岗阴有明方正学墓。墓旁新建一方亭。山上产石子，就是雨花石。

雨花台

九　牛首山

牛首山，在南京城南三十里，一名牛头山。山周约四十余里，高约一百四十余丈。山上有宏觉寺。进寺山门，经金刚殿，到白云梯，梯由白色石磴百级筑成。梯尽处，就是四天王殿。殿后上石级，到大雄宝殿。殿旁有毗卢殿、客堂等。毗卢殿东廊上边，有一石龛，名文殊洞。洞东就是辟支岩。寺后山巅，有牛头石，石上有两孔出水，四时不绝。山峰下有池，冬夏不涸，相传是昭明太子的饮马池。山南有雪梅岭寺，下有地涌泉，泉水源源不绝，四季常满。

第四 西山路

一 朝天宫

朝天宫，在水西门内红纸廊的北面。这宫相传是吴王佩剑锻铸之所。宋时名天庆观；元时改名妙观；至明时重修，改称朝天宫。宫踞沿山之巅（山俗名宫后山，即冶城的故址），建筑雄壮。宫内有习仪亭、万岁亭、东麓亭、西山道院等，都是登览最胜的地方。现在改为文庙，两丁祭祀，都在此举行。宫东有朝天宫小学。

朝天宫

二 莫愁湖

莫愁湖，在水西门外，离城约一里余。相传南齐时，卢女莫愁居此，因以名湖。湖南岸，有华严庵，庵中有胜棋楼。相传是明太祖与中山王徐达赌棋处；太祖棋败，即以莫愁湖酬中山。（现在湖产，仍属徐氏。）楼下即郁金堂，堂前屏上，悬有中山王像，屏后悬有莫愁遗像。堂后临湖，全湖在望。凭栏远眺，清凉山环列湖北，水面映山，风景独绝。郁金堂的两边，有曾公阁、湖心亭，阁和亭北临湖水，风景绝佳。夏季里，满湖荷花，凉风拂襟，益增兴趣。庵西有粤军建国烈士墓，是民国元年光复南京，粤军死后埋骨的地方。墓共二十，并列成行。

莫愁湖

三　浙江烈士祠

浙江烈士祠，在乌龙潭的东南，是近年的新建筑物。入门有碑亭，是前浙江都督朱介人（瑞）所立。碑阴列有死者姓名，都是光复之役死于国事的烈士。后有祠堂，旁有楼台，布置清雅，颇为可观。

四　薛庐

薛庐，在汉西门内古龙蟠里。是薛时雨主讲之所。庐屋结构精致，北临乌龙潭，十分清幽。（乌龙潭，相传晋时潭中有黑龙出现，故有此名。）潭，南北长而东西短，成一长圆形。潭中六角亭，有小路通达东岸。亭名宛在，共有两层，登亭远望，清凉山景历历在目。潭旁有曾文正公祠、沈文肃公祠、驻马坡等。（驻马坡，相传是诸葛武侯驻马观形势处。）潭的西北，又有图书馆，藏书极多。

乌龙潭

五　清凉山

清凉山，在汉西门内。山半有清凉寺。寺后院内，有六朝古井。寺后山顶，旧有翠微亭，是南唐后主所建，即避暑宫的暑风亭。清高宗南巡时，立碑于此。光复时，毁于兵。清凉寺的东北，一岗耸起，岗上有庵，庵名云巢。相传是地藏王肉身坐禅处。每年七月，香火极盛。清凉寺的南面，是善庆寺。寺内有扫叶楼，是清初龚半千氏隐居的地方；龚托名扫叶僧，故名。入寺门，外殿祀张睢阳，殿旁就是扫叶楼。楼下题名读画轩。楼上屏前，中悬扫叶僧遗像。楼中布置雅致，倚栏远眺，长江如带，莫愁湖如镜，风景极佳。

清凉山，是城西的要害，现在山上筑有炮台，驻兵防守。

清凉山

第五　北山路

一　燕子矶

燕子矶，在和平门、观音门外的北面。出观音门，有大道直达矶麓。矶旁有燕子矶实验小学、燕子矶图书馆及晓庄学校分设的燕子矶中心幼稚园。幼稚园前，有北固乡的民众演讲台及公共运动场。由燕子矶西麓，上石级登矶，经燕子书店，直达御诗八角亭。亭中有一碑，碑上有"燕子矶"三个大字。碑后就是御诗。亭外矶石，突出江上，三面峭壁，形如飞燕，故名燕子矶。登矶望江，蜿蜒千里；俯视江流，波涛澎湃，确是燕子矶的大观。

燕子矶

二　幕府山

幕府山观音阁

幕府山，在和平门、观音门外，山周约三十里，高约七十丈。相传晋时王导建幕府于山上，因以为名。山的北麓，有观音阁。上石级，进阁门，就是大殿。殿上供释迦佛。殿后有自在天①，供漂海观音。自在天下有济公洞，洞中供济公。大殿旁是观音阁，阁旁峭壁上，有铁链数尺，相传是刘青田系舟的遗迹。阁旁平坛下，有马娘娘梳妆台的故址。沿山北麓有山洞十二，尤以头台洞、二台洞、三台洞为最胜。

三　头台洞

头台洞

头台洞，在幕府山的北麓。洞外建屋，进屋门，就是头台洞。洞口中央供释迦佛。左供送子观音，右供关帝。佛殿后奇石突出，中有一洞，可通崖顶。洞外峭壁上，有一大寿字，相传是唐人所凿。

---

① 自在天：原书误作"目在天"。

四 二台洞

二台洞，也在幕府山山麓，缘崖结楼，门对长江。上石级进门，就是观音殿。中供观音佛像，观音佛龛下，有砖砌的洞门，门内就是二台洞。洞中有洞，相传可通镇江；现洞内有石门，堵住内洞洞口，不能入内。观音殿上，是玉皇殿。洞外山道两旁，多石榴树，石榴实大味甜。

二台洞

五 三台洞

三台洞，也在幕府山山麓。尤为奇特，洞通钟山。泉水会于石池，名观音泉。泉上有桥，桥上有台，台上供南海观音像。泉右有一洞，洞名小有天。向上观望，白光一线，上透绝顶。泉后石上，有"三台洞"三个红字。泉前有吕祖殿。泉左有吴道子画的童子拜观音石碑。碑旁有门，名神仙洞府。上石级，登木梯，就是二洞天。再上木梯，有一洞，名大罗天宫，洞内

三台洞

供玉帝。再上到长生塔，塔共三层，塔外有花墙围绕。再上是老祖阁，阁中供老祖像。登阁眺望，江天一色，令人畅快。

六 狮子山

狮子山，在兴中门内的北面。是明太祖克陈友谅督战的地方。山高雄巍，是南京城北的险要，又因遥临长江，也是江防重地。现山上筑有炮台，与下关的东西炮台，互相共守。

狮子山

第六　中山路

一　鼓楼公园

　　鼓楼公园，是钟鼓楼的旧址。楼旁空地，堆砌假山，遍种花木，平铺草砖，绿茵如毯，别有佳趣。楼的西北，有亭一座，可供游人休息。楼基是一座长方高台，台高约数丈。下有三个穹门，中门最大，左右略小。台上有畅观阁，共两层。登阁远眺，江山如画，很可开人胸襟，乐而忘归。现在畅观阁，改建鼓楼测候所，谢绝游览。

鼓楼公园

二　大钟亭

　　大钟亭，在鼓楼公园的东北，中山路的东边。亭在土山上面。亭周殿宇，适成口字形。亭南是山门，门上有

大钟亭

"元音再起"四字。亭北是释迦佛大殿。东西两旁，都是偏房。中央就是大钟亭。共两层，形式八角。亭顶悬有大钟一口，钟是明洪武二十一年造的，高一丈三尺，钟口直径六尺，钟身厚三寸，重四万六千斤。大钟本来躺在地上，半埋土中，到了清光绪十五年，被江宁许方伯发见，建亭悬挂，以大钟名亭。

三　钦天山

钦天山，在玄武门内的南面。山周约十里，高约三十丈。山顶有阁，名叫北极阁，是元时的观象台。明时改名钦天台，置有浑天仪，观察天象，后迁北平。阁

北极阁

共三层，登阁远眺，大江环于西，钟山峙于东，玄武湖列于北，远近景物，尽收眼底，实为城中最高的所在。所以一有兵事，在所必争，也是城中的要害。阁南有正殿，祀真武大帝，有道士住持。大殿门外东边，有一小炮，午时施放，专司校正城内的时刻。现在改建气象台，谢绝游人。北极阁旁新建无线电台，专供传递消息。

四 鸡鸣山

鸡鸣山，在北极阁旁。山上有鸡鸣寺，就是梁时的同泰寺。山半有门，门旁是志公台，即施食台。相传明时在此施食，以度幽冥，故有此名。入门，上石级，即为寺殿，殿旁有楼北向，楼名豁蒙，是张文襄捐资所造的。楼背的南，有楼东向，叫景阳楼。凭栏远眺，钟阜如屏，玄武如镜，风景绝佳。低头一望，帝子台城、胭脂古井，历历在目。

鸡鸣寺

五　台城

台城，是吴秣陵、晋建康的城址。宋、齐、梁、陈，都以台城做宫城。侯景之乱，梁武帝被困，饿死于此。现在遗址在鸡鸣山的北麓，尚有一段未圮，与今日城墙相接，好像砖砌的高道。

台城

六　燕支井

燕支井

燕支井，又作胭脂井。在鸡鸣山麓，景阳楼的下面。是故陈的宫井。石栏有脉，雨后作胭脂色，因以得名。当隋师入陈时，后主与张贵妃、孔贵嫔，曾逃入井中，后被隋军引出，故又名辱井。现井旁新建一亭，可供游人休息。

七　五洲公园

　　五洲公园，在玄武门外玄武湖。玄武湖又名后湖，湖中有五洲，现经市政府将新洲改名欧洲，老洲改名美洲，长洲改名亚洲，麟洲改名澳洲，趾洲改名非洲，合称五洲公园。美洲上有湖神庙，创建于明，庙内原有赏荷厅、观音阁、湖心亭、大仙楼等，后经兵乱，全毁于火；前清曾公涤生，捐资修复一新，风景焕然。后又两遭兵劫，屋宇倾圮，陈设一空，荒芜满目。民国十七年，由市政府改建公园，将破旧庙屋，一律拆除，栽种花木，改造园林。庙旁新建民众俱乐部一所，以便游人娱乐。庙前本有张、端二公祠（张文襄、端忠敏）。现在祠屋内，由市教育局办一昆明小学校。祠前正屋，改为公园办公处。庙后又有蚕室，试验育蚕，任人参观。湖中多植荷花，每到夏季，红花绿叶，倍极胜趣。游人游览全湖，可雇游船。船有大中小三等。小船船价，周游全湖，小洋三角。但夏季游人多时，船价时常增加。

五洲公园

第七　栖霞路

一　栖霞山

栖霞山，多药草，可以摄生，故名摄山。山麓有栖霞寺，南唐隐士名栖霞，修道于此，故名。今以寺名名山。山在南京城的东北，离城四十五里。山周约四十里，高约一百三十余丈。山作"山"字形。最高峰叫凤翔峰。由凤翔峰分为东、西、中三峰。东峰又名龙山，西峰又名虎山。满山森林，材木很多。山上沙岩，可凿石磨，行销长江一带。石灰矿、燧石矿，随处发见。党参、栗子，尤为著名。

二　栖霞寺

栖霞寺，在栖霞山的中峰西麓。从南齐以来，历代增筑，灵宫梵宇，华丽壮严，和济南的灵岩、荆州的玉泉、

栖霞寺

天台的国清，并称四大丛林。后经兵乱，付之一炬，很觉可惜。近得中外资本家捐助，陆续恢复。寺西有明镜湖，湖上有彩虹亭。寺前有戒池，池北有碑亭。亭中有碑，高约丈余。碑文是唐高宗做的，高正臣写的。碑后有"栖霞"两字，笔势雄健，相传是唐高宗的御笔。池东有弥勒殿，殿东是大雄宝殿，殿南是斋堂，殿北是客堂。大雄宝殿后面，是藏经阁。大雄宝殿及藏经阁，都是近年新建的，规模十分宏壮。阁南是方丈，阁北是客房，可供游人寄宿。寺内和尚有八十余人。每年春季，传戒一次，受戒者男女都有。

三　舍利塔

舍利塔，是隋文帝造的。在藏经阁的南边，高四丈余。塔共六级，每级八面。第一层各面，刻释迦本行至涅槃诸变图。第二层四面，刻四大天王像，像都突出石面。两面各有门二，两面刻经咒。第三层以上，每面各刻佛像两尊。塔顶微毁，各层飞檐多残缺。塔前有两个接应石佛，近寺僧重加装修，饰以金彩，反失真像面目。

舍利塔

四 千佛岭

千佛岭

千佛岭，从藏经阁的后边起，一直到道纱帽峰为止，都叫千佛岭。岭踞栖霞山中峰的南部。千佛岭佛像，以三圣石佛为最大。三圣佛是齐仲璋凿的。中央是弥勒佛，高约四丈，左右观音和至势佛，高约三丈。外砌以石，名三圣殿。又叫无量殿。殿东有地藏殿，殿内供地藏及十殿阎王。殿的东南，有弥勒洞。三圣殿的东北，有路可通千佛岭。千佛岭上的佛，是齐文惠太子和豫章竟陵王、王姬等就石壁的高下深广，凿石佛千尊。五六尊，七八尊，合为一龛。千佛岭上，一峰屹立，形如纱帽，故名纱帽峰。峰上有洞，洞内也有佛像。纱帽峰前有一平台，叫明月台。山中观月，明月台上最佳。

五 凤翔峰

凤翔峰，是栖霞山最高的峰。由千佛岭东北山道上峰，先经中峰涧，涧中怪石狰狞，形如猛兽。源出凤翔峰。再上

白鹿泉

到白鹿泉，泉上石壁有明李言恭篆书"白鹿泉"三字。泉上就是紫盆峰，峰下有紫峰阁遗址，本为栖霞十景之一。再进，过青风剑石，到清高宗行宫故址，达到山巅，就是凤翔峰。峰上有三茅宫，前殿供三茅祖师，后殿供玉皇大帝。每年阴历三月初一日，举行三茅会，附近乡民，都来进香。

六　西峰

西峰，在凤翔峰的西北。由三茅宫向西北行，到西峰山腰，有石壁如截，就是天开岩。岩上有红色"天开岩"三字。天开岩旁，有小屋一间，中有碑三方，就是禹王碑。出碑屋，经天开岩，向西南行，约半里折北，到桃花涧，从前涧旁多桃花，因以得名。桃花涧源出于凤翔峰，西峰及中峰北麓的水，完全流入涧中。桃花涧东，就是一线天。一线天在西峰的南麓山洞中，洞上有一小洞，可以窥天。又从旧路回出，向西南行，到珍珠泉。泉如一井，泉底时有沼气泡上浮，形如珍珠，故名。泉旁墙上有篆书"珍珠泉"三字的小碑一方，过泉就是栖霞寺的北门。

第八 游览行程

游览名胜古迹，必须预定行程，循路而行，庶无纡绕遗漏之弊；既省时间，又省金钱，更省精力，确是不可随意忽视的。

一 东山路

从中正街出发北行，到西华门，可参观电灯厂。出厂东行，经西安门，到内五龙桥，参观古物保存所，考察午门内一带的故宫遗址。东行出东安门，折北游半山寺。南行出中山门，由中山路到明孝陵。孝陵内飨殿，备有茶果，游人可在殿内休息。茶资每位六分。陵西有路通钟山，可顺便一游。出孝陵东行三里余，经头山门，到紫霞洞。（孝陵东边有小道通紫霞洞，可由此路走去，但不能坐车。）紫霞洞也有茶点，备客饮用。茶资每位一角。出山门东行，到中山陵。（紫霞洞东边小道，可通中山陵。徒步游览，可走此路。）再东南行，经中山路大道，到韩恢烈士墓。折东由钟汤路到灵谷寺，寺内有饭，也有茶点。午时可令僧人备饭，餐费不等。游客可先说定饭菜价目。如备茶点，可付小洋三四角。出灵谷寺，由原路出头山门，折东，由钟汤路到南汤山。照本行程游览，如欲当天回城，须乘汽车。乘人力车或马车者，可到了中山陵或灵谷寺，即行回城。第二天再游南汤山。

二　南山路

从中正街东行，到复成桥第一公园，入园游览。游资铜元五枚。游毕出园，参观公共体育场、通俗教育馆，到贡院街，游秦淮公园。出园，游览贡院街一带商市、市政府、夫子庙、秦淮河等处。游毕西南行，经周处台，出中华门，到雨花台。台上有永宁泉，可以泡茶，每碗五分。山上土人，有雨花石子出售，售价不一。下山西南行，到牛首山。山上有宏觉寺，可以膳宿，价不很贵。（喜欢骑驴的，可雇驴到牛首山。来回价约一元五角至二元。）由山折回原路，经雨花台，进中华门，折西游胡园。入园游资，小洋一角。园内备有茶点，可以随时饮用。出园回到中正街。

三　西山路

从中正街向西行，过昇平桥，参观贫儿院。再西行，到红纸廊，游朝天宫，并参观朝天宫小学。更西行，经过汉西门，到清凉山。游云巢庵、清凉寺、扫叶楼，三处都可泡茶，茶资随意，大约每人小洋一二角。游毕下山，到古龙蟠里①，游薛庐、乌龙潭，参观图书馆，出馆到浙江烈士祠参观。再出汉西门，到莫愁湖，湖旁有郁金堂、曾公阁等处，

---

① 古龙蟠里：原书误作"古蟠龙里"。

都有茶点。曾公阁西，有粤军墓，可顺便参观。然后由原路进汉西门，回到中正街。

四　北山路

从中正街向北行，经中山路、子午线路，出和平门，再到观音门。观音门在高坡上，汽车、马车应于门下停车等候。游人徒步过门，先由大道，到燕子矶游览，并参观矶旁燕子矶小学、晓庄学校燕子矶幼稚园。游毕，可于北固乡镇上饭馆中进餐。餐毕，再西行，到幕府山麓，游观音阁、头台洞、二台洞、三台洞。以上四处，均有茶水，每位大约小洋一角。游毕由原路回到观音门，进和平门回中正街。也可由三台洞往西行，进兴中门，顺游狮子山，折回中正街。

五　中山路

从中正街折向太平街北行，到花牌楼，经过中华书局。再北行，到成贤街。街西是中央大学，街东是农场，都可入内参观。出农场北行，经过关岳祠，到鸡鸣山。山上有寺，寺内有豁蒙楼、景阳楼，楼内备茶，可以品茗。出寺可游胭脂井、台城等处。游毕，南行，上钦天山，山上有气象台及无线电台。下山西行，到大钟亭、鼓楼公园，再往北行折东，出玄武门，遍游五洲公园。美洲上有茶菜馆，可就近进餐。游毕循旧路进城，回中正街。

六　栖霞路

从中正街车站，乘头班小火车到下关，接乘沪宁铁路上午七时〇五分快车（如嫌太早，可改乘九时二十五分慢车）到栖霞山车站。下车出站，由大道走到栖霞寺。先游明镜湖、彩虹亭等，再进栖霞寺。由寺大雄宝殿藏经阁旁南门到舍利塔下，经三圣殿，游千佛岭等处。再由千佛岭往东，游凤翔峰；又由凤翔峰折北，游西峰一带胜景，回到栖霞寺的北面旁门。（也可出寺北门游山。）寺中有茶饭，可在寺中便饭。出寺往西折南，到栖霞乡村师范学校参观，校中可以膳宿。游毕出校，回到车站，可乘下午二时三十分快车，回到下关。

第九　交通

一　陆路

一、街道

南京城内街道，车马都可通行。进兴中门南行，经过三牌楼、鼓楼、估衣廊、王府街、卢妃巷，到内桥大街；再往南行，经过府东大街、三山街、大功坊、花市街、中华门大街，直达中华门。这是纵贯全城的南北大道。至于横贯全城的东西大道，有二：一、从水西门东行，经过油市大街、讲堂街、行口街、坊口街、黑廊街、驴子市大街、奇望街，到大中桥止。一、从汉西门东南行，经过堂子街、红纸廊、珠宝廊、中正街，到大中桥止。这两条东西大道的形势，适成弓形；那南北纵贯的大道，好像一箭。从弓弦、弓箭交会的内桥以南，凡是纵横的街道上，商店林立，是城内商业最繁盛的地方。以上都是旧街道。现在南京特别市政府，规画的新路线很多。如中山路、子午线路等，业已陆续开辟，分段铺设。新辟街道，路线直进，路面宽阔。中山路可分三段，挹江门往东南到鼓楼东边为第一段；由鼓楼向南到新街口，为第二段；由新街口往东到中山门，为第三段。由中山门通钟汤路直达中山陵。子午线路从和平门往南，到鼓楼东边，南接中山路。

二、人力车

人力车有普通、特别两种。特别车，又名包车，装潢比普通车讲究。车夫拉车的本领，也强一些。可是价钱，也要贵一些。这两种车，随处都有，任人雇用。大抵近路贵，远路反可略贱；住冷静的地方贵，往热闹的地方贱；夏时及雨天贵，冬季及晴天贱；车多时贱，车少时贵。车价先讲明，以免讹索。讲钟点计算，大约每点钟小洋二角五分至三角，半天一元，一天二元。论天的，另给酒饭钱二三角。坐车时须认明车夫及车号，发生危险时，可以稽考。行李切勿放于车篷后边，以免遗失。

三、驴马

驴马站，在城内十庙口、中华门、中山门等处。驴价每天约大洋一元八角，马价加倍。驴马夫须酌给酒饭钱三四角。

四、货车

货车专载笨重器物。每次价约二三元不等，酒钱在外。

五、马车

马车有轿式、篷式两种。冬季宜用轿式，夏季宜用篷式。普通租用，每天四五元，车夫酒饭钱约四角至八角不等。浏览用马车，可包定半天或全天，以免另碎讲价。从车站进城到中正街，大约一元二角。雇用马车，可用电话通知马车行，车即放来。时间、价目、地点，须先讲定，以免事后争论。现在将马车行名列下：

王德记马车行	下关大马路	电话三七一
花园饭店马车行	下关街	电话四〇九
龙云马车行	城内中正街	电话四二三
金泰马车行	城内四象桥	电话四六五
宝大马车行	城内马府街	电话七五七
龙飞马车行	城内评事街	电话三五五
福利马车行	城内薛家巷	电话一一五三
祥云马车行	城内行宫东街	电话二六二
福大马车行	城内二郎庙	电话一〇七〇
庆云马车行	城内唱经楼西街	电话二二九
飞龙马车行	城内花牌楼	电话二八四
元龙马车行	城内奇望街	电话三二〇
龙记马车行	城内仓巷	电话八五八

六、汽车

汽车，就是摩托车，行驶极快。普通租用，每小时约四元，汽车夫酒钱另给。雇用汽车，可通电向汽车行叫唤。汽车就可开来应用。现把各行开列于下：

大华汽车行	下关大马路	电话二一九
宝昌汽车行	下关二马路	电话四一〇
玉记汽车行	下关商埠街	电话二九四
福星汽车行	城内中正街	电话四一五
龙翔汽车行	城内四象桥	电话五二六
中南汽车公司	城内花牌楼	电话五八〇

飞云汽车行	城内贡院街	电话七四〇
华利汽车行	城内利涉桥	电话一〇八八
大东汽车行	城内奇望街	电话一一九九
松林汽车公司	城内奇望街	电话一二三七
东南汽车公司	城内估衣廊	电话七七
金陵汽车行	城内成贤街	电话一一八四
交通汽车司	城内鼓楼北	电话一四三八

七、公共汽车

公共汽车的路线，从下关车站起，经兴中门、三牌楼、丁家桥、鼓楼、中央大学、石板桥、大行宫、花牌楼、中正街到夫子庙止。各站口都有路牌，牌上标明路线及各站车资。旅客如无行李，可坐公共汽车。

八、火车

从上海方面，坐沪宁车，到了南京车站，可换坐江宁车进城。江宁车的下关车站和沪宁车站相连。有行李的，可交脚夫搬运，每件可给铜元五六枚。从津浦车来的，到了浦口，换乘渡轮过江，到江宁江边车站，坐江宁车入城。如坐沪宁、津浦连络的车（特别快车、普通快车），可坐从南京车站到沪宁江边车站的来回专车。

（1）江宁火车　江宁车，从江口站到下关站，再由下关站进金川门，经三牌楼车站、丁家桥车站、无量庵车站、国府车站，到中正街车站。

江宁车每天来回开行十八次。从江口、下关到中正街车站，三等三角，二等加倍，头等三倍。

（2）沪宁铁路　沪宁铁路从下关起，到上海止。大车站，有：

1.下关（江边车站，专接津浦车。）　2.镇江

3.丹阳　4.常州

5.无锡　6.苏州

7.上海

每天上午七点起，至下午十一点三十分止，一共开行十次（来回各五次）。

（3）津浦铁路　津浦铁路从浦口起，到天津止。大车站，有：

1.浦口　2.徐州

3.济南　4.天津

每天上下行车，各开特别快车、普通快车各一次。

△附国有铁路旅客联运说略

国有铁路旅客联运，如京汉铁路、汴洛铁路、陇海铁路东西段、道清铁路、正太铁路、京绥铁路、京奉铁路、津浦铁路、胶济铁路、沪宁铁路、沪杭甬铁路，现均互通联运。凡旅客往来乘车，只须购票一次，无须按路分购。旅客行李及包裹各种物品，重量不过六十斤，容积不过三百立方公寸的，以及牲畜、车、轿、金银货币、有价证券等，均可直达运送。此外欲易地避暑，或游览名胜的，有来回游览票；欲周游各地的，有周游票；欲结伴旅行的，有团体旅行票；均系减价出售，以广招徕。欲知票价、运费、行车时刻及其他一切章程的，请向各路车务处或站长接洽。

二　水路

一、航线

（1）上海汉口线：航行这路线，经过南京的，有招商、怡和、太古、日清等局的船。上水（到汉口）约在午前六七时；下水（到上海）约在午后一二时。

（2）南京扬州线：航行这路线的，有泰昌、天泰、泰丰、扬子等局的船。每天午后八时开。

（3）南京六合线：航行这路线的，有泰丰局的船。

二、码头

大小轮船和民船的码头，都在下关惠民桥的西北，江边一带。

（1）大阪码头　在江边金陵关税务司的西边

（2）太古码头　在宁省铁路江口站的西边

（3）泰丰码头　在大马路口

（4）官码头　在大马路口

（5）戴生昌码头　在江边马路升顺里口

（6）招商码头　在江边马路招商轮船局西

（7）扬子码头　在江边马路招商轮船局西

（8）怡和码头　在江边马路怡和洋行西

（9）津浦登平码头　在江边南埠街口

（10）津浦渡江码头　在江边宝塔桥街的西边

三、乘船须知

（1）购买船票：轮船购买舱票，可向船上账房，或托旅馆都可。欲住房舱、官舱，必须预定，以免临时误事。小孩十二岁以内的，票价减半。

（2）防扒手：长江、内河各轮船，常混有扒手，须严密防备。在长江船，银钱可交账房，大箱等可存放箱舱，换取铜牌，等到到埠后，持牌领物，万无一失。

（3）江轮的等级：江轮分为六等，江顺、江安、江新、江华为头等；江永、江裕、江天为二等；隆和、德和、公和、黄浦为三等；凤阳、南阳、岳阳、襄阳、瑞阳、宁绍为四等；鄱阳、大通、安庆、武昌、联益、洞庭、瑞和、联和、吉和为B字四等；大福、大利、大贞、大吉为五等；长安、盛京、德兴、之江为六等。

（4）长江轮船的速率，各各不同，开驶也有先后；大概野鸡船略早，招商、怡和、太古船较迟。故到埠的时间，迟早各不相同。且有因风、雾等的阻碍，竟有迟延半天的。现把普通的时间，约略说明在下边：

【上海到汉口】

上海	第一日晚开	
镇江	第二日午后六七时到	约停二三时
南京	第三日午前六七时到	约停一二时
芜湖	第三日午后二三时到	约停二三时
安庆	第四日黎明左右到	约停一时许
九江	第四日午前十一十二时到	约停二三时
汉口	第五日午前到	

【汉口到上海】

汉口	第一日晚九时开	
九江	第二日午前九十时到	约停二三时
安庆	第二日上半夜到	约停一时许
芜湖	第二日午前六七时到	约停二三时
南京	第三日午后一二时到	约停一二时
镇江	第三日午后五六时到	约停二三时
上海	第四日午前到	

三 电话

一、电话局的地址

（1）城内总局　城内游府西街　电话一五〇

（2）电话局答问处　城内游府西街　电话五〇〇

（3）电话局司机生管理处　城内游府西街　电话〇

（4）下关分局　下关兴中门外　电话一〇〇

（5）下关分局司机生管理处　下关兴中门外　电话〇

二、普通电话的使用法

（1）凡用电话时，须先查明号数，将听筒取下，一头凑近耳旁，静候局中的回音。等到有了回音，就把所要的号数报明，听筒仍须停放在耳旁，不可挂上。

（2）凡要号数，必须告明某局某号，如仅用姓名，电话局司机生不能记忆是何号数，无从接线。如城内要与下关、浦口等处通话，须于号数上加说下关或浦口，以免错误。

（3）凡报号数，可用数目，不必说千、百、十等字样。譬如要六百四十二号，只须报六四二；要一千另二十五号，只须报一〇二五，余可类推。

（4）装户听见铃响时，即将听筒取下，凑近耳朵。说话没有说完，或去找别人，切不可将听筒挂在原处，以免电话局撤线。

（5）说话时，须离话筒口约二三寸，照寻常说话的声音，不必过高；说完后，即将听筒仍挂原处。

（6）关于查问及查号等事，可向城关各电话局五百号查问处查询。惟以该处因新通话各户，未经刊列号簿内的为限。

（7）如普通电话须与自动电话通话者，可向城局九二〇号接洽。

三、自动电话的使用法

一、自动电话通话时，先将耳机取下，把听筒停放在耳朵旁边静听，如没有蝉鸣声，就可以依照所需通话的号数，转动转号机。譬如要四十号的，可将右手食指，搬转号机的四字孔，向右转动，到停止的地方，就可放手，任机自动转回原位。又照前法搬动零字孔，当可自动接到四十号。

二、如在取下耳机时，就听得蝉鸣声的，是总机无暇接线的表示。须将耳机挂上，等一会儿再打。

三、如在搬动转号机后，每约十秒时，听得有较低的蝉鸣声，就是叫唤对方用户的表示，切勿误会。

四、谈话完毕，必须将耳机归还原处，以便再用。

五、自动电话，目前不能接通长途电话。

六、如有询问，可向四十号接洽。

七、如有障碍，可用普通电话，通知城局一千号或一千六百号。

四、长途电话的使用法

一、长途电话，分普通、加急两种。普通电话费详后表。加急电话，得提前通话，话费照加三倍。

二、长途电话，每次以五分钟为限。用户谈话，同时不得继续三次以上。并不得于一次出叫两户答话。如出叫两户，应作两次计算。

三、普通电话用户，未缴长途电话保证金的，可往电话局纳费通话。

四、挂号用户，要通长途电话的，须先告司机生转接记录台，报明本用户名称与电话号数及所要某局电话号数后，将耳机挂上，等候司机生叫唤通话。

五、凡与未装电话人谈话时，可将对方人的姓名及详细地址，告电话局，以便由局派差通知。但须另缴专力费大洋一角。如在电话局五里外的，再加缴大洋一角。

长途电话价目表（本表以元为单位）

	上海租界	南翔	上海	苏州	无锡	镇江	南京
镇江							○·三○
无锡						○·六五	○·九五
苏州					○·三○	○·八○	一·一○
上海				○·四○	○·七○	一·二○	一·五○
南翔			○·○五	○·四五	○·七五	一·二五	一·五五
上海租界		○·一○	○·○五	○·四五	○·七五	一·二五	一·五五
吴淞	○·一五	○·一五	○·一○	○·五○	○·八○	一·三○	一·六○

四　邮政

一、邮政局的地址

【总局】

（1）城内邮政总局　　　城内奇望街　　电话一四○

（2）下关邮政总局　　　下关大马路　　电话五一○

【支局】

（1）北门桥支局　　　电话城内二二一

（2）讲堂街支局　　　电话城内六八一

（3）三牌楼支局　　　电话下关五二一

（4）花牌楼支局　　　电话城内一三八三

二、邮政信筒

各重要街市上，都有邮政信筒。筒旁有长方口，可以投入信件。口下有收信时刻表。普通平信、明信片等，都可

最新信函及郵政各項寄費清單

	信函及普通通類					郵件各類			郵項清費件		

類別 / 重量等類（中國境內・外洋各國）

重量等類（各類郵件之重量規定）

- **信函類**：甲 起重二十公分（即格八姆機同）／甲 每續加重二十公分
- **明信片**：單／雙（即附有回片者）
- **新聞紙類**：每束一張或數張，重以二千公分為限
- **書籍印刷物（甲）**：重二百公分／逾二百五十至五百公分／逾五百至七百五十公分／逾七百五十至一千公分／逾一千至二千公分（重至此數為限）
- **貿易契約（普通通類）**：另按印刷物類定費
- **傳單各類**：每五十張或五十張以內
- **貨樣（類樣・甲）**：重二百公分／逾二百至二百五十公分／逾二百五十至三百五十公分／逾三百五十至五百公分（重至此數為限），另加普通資費
- **挂號郵件**：單挂號（代收物價額外定費加收），另加普通資費／雙挂號（劃交收件人回執），另加普通資費
- **快遞郵件**：每件另加普通資費
- **國兌（匯兌）**：每圓或一圓以內
- **包裹類**：重五千公分／逾五千至一萬公分／每重二千公分至一萬公分為止

寄費表

寄送類別	信函類	明信片	新聞紙類	書籍印刷物	貿易契約	傳單各類	貨樣	挂號郵件	快遞郵件	國兌	包裹類
各局就地投送界內	一分	一分	每重百公分半分	一分／二分／四分／四分	七分半	五分	一分／二分／三分	五分	一角或一圓以內	一角 ／二角	每重二千公分至一萬公分為止
各局互寄	四分	四分	每重十五公分半分	一分／二分／五分／七分半	一角五分	五分之一加納	二分／五分／一角五分	五分	一角	一角	每重二千公分續加一角
新疆及蒙古	九分	九分	每重十五公分一分	三分／六分／九分	一元八角	五分之二加納	三分／六分／九分／二角	一角	二角		
各國郵會	一角	一角二分	每重十五公分二分	一角／二分／五分	一元二角		五分／一角／二角	二角	三角（除另加普通資費並納其他項費）		
朝鮮日本台灣香港澳門威海衛（租借地）劉公島（借地）	四分	四分	每重十五公分半分	一分／二分半／五分／七分半	一角五分		二分／五分／一角五分／二角	五分	一角	二角	

釋明

- 甲 每重不及香頓之公分（即格蘭姆姆數）按頭定之數目計目
- 乙 惟貿易契約每件以一角起算
- 丙 每件均以四分起算
- 為 每件均以二分為重量，至五百公分為限
- 丁 每件均以四分起算
- 匯費多寡不等，可向發票局詢問，惟每張匯票其費均以五分起算
- 凡寄國內各處包裹應納資費或寄單純費，或需二信或需三倍致需
- 六 悟視路程而定

投寄。挂号信、快信，须到邮政局投寄。

三、邮政局营业时间

1.城内邮政总局　　　　上午七时至下午十时止

2.下关邮政总局　　　　上午七时至下午十时三刻止

3.北门桥支局　　　　　上午七时至下午十时止

4.讲堂街支局　　　　　上午八时至下午八时止

5.花牌楼支局　　　　　上午八时至下午八时止

6.三牌楼支局　　　　　上午八时至下午八时止

平日　上午九时至下午五时止可寄挂号信、快信等

星期日　上午十时至十二时可寄挂号信、快信，下午六时至八时可寄快信

四、邮政寄费摘要表

五　电报

一、有线电报局的地址

（1）电报局　　城内润德里　　电话二三

（2）下关电报局　　　下关鲜鱼巷　　电话五九九

二、有线电报章程摘要

（1）华文明语，同城电报每字银元三分；同省电报六分；隔省电报一角二分。

（2）华文密语或洋文，同城电报每字银元四分五厘；同省电报九分；隔省电报一角八分。

（3）新闻电报，无论本省、隔省，华文每字三分，洋文每字六分。

（4）发报人欲将所发的报，提前先发的，就作紧急电报论，报费照寻常报费原价加两倍（原价一角加为三角）。以"急"字或"Urgent"书于收报人姓名住址前面的，也按照一字收费。

（5）收报人如欲将他的姓名住址缩写为一字的，得向当地电报局商定字样，预行挂号。

（6）最新电报收发规则全文（见中华书局出版的《明密码电报书》）。

三、无线电报收电处

（1）收电处　　城内估衣廊　　电话一七二三

（2）第一代理收电处　城内花牌楼、中华书局　　电话二四三

四、无线电收发商电价目

（1）华文明语，同城每字三分。隔省每字五分。

（2）华文密语或西文，均加一半。

五、电报代月份地支表

一月子　二月丑　三月寅　四月卯

五月辰　六月巳　七月午　八月末

九月申　十月酉　十一月戌　十二月亥

六、电报代日期韵目

发电通例，每于姓名下附诗韵一字，以代发电日期。如"东"字，即一东之"东"，用以代初一日；"咸"字，即十五咸之"咸"，以代十五日；"陷"字，即三十陷之"陷"，以代三十日。余类推。又上声韵目，自一至二十九止，去声韵目，自一至三十止。故阴历小建月，常用上声韵目；大建月，常用去声韵目。惟阳历大月有三十一日，无韵目替代。近有代以"世"字或"引"字的，因"世"字俗写似"卅""一"两字，"引"字似亚拉伯数字之"31"，故借用之。

	(上半月)		(下半月)
日韵期目	上下上去入 平平声声声	日韵期目	上下上去入 平平声声声
一	东先董送屋	十六	铣谏叶
二	冬萧肿宋沃	十七	筱霰洽
三	江肴讲绛觉	十八	巧啸
四	支豪纸真质	十九	皓效

续表

日韵 期目	上下上去入 平平声声声	日韵 期目	上下上去入 平平声声声
五	微歌尾未物	二十	哿号
六	鱼麻语御月	廿一	马个
七	虞阳麌遇曷	廿二	养祃
八	齐庚荠霁黠	廿三	梗漾
九	佳青蟹泰屑	廿四	迥敬
十	灰蒸贿卦药	廿五	有径
十一	真尤轸队陌	廿六	寝宥
十二	文侵吻震锡	廿七	感沁
十三	元覃阮问职	廿八	琰勘
十四	寒盐旱愿缉	廿九	豏艳
十五	删咸潸翰合	三十	陷

六　转运

　　转运货物，须先报关。货物由轮船、火车运到了南京，拿提单到关提货，手续很繁；如初到南京的，人地生疏，尤觉不便。如委托转运公司代办，并可将货物送到指定的场所，报关等费，不取分文，比较自己提货，要便利得多了。转运公司，都在下关江边。

【转运公司的地址】

中国运输公司　　下关车站　　　　　　　电话五〇二

永泰隆转运公司　下关宁省车站　　　　　电话五三三

永顺转运公司	下关铁路桥西	电话三三八
协商转运公司	下关铁路桥西	电话四八七
永大运输公司	下关三马路	电话二二三
大陆转运公司	下关铁路桥米市码头	电话二一三
亘记转运公司	下关虹门口	电话三〇五
捷转转运公司	下关大马路	电话二九一

第十 食宿游览

一 旅馆

南京著名的旅馆，都在下关江边大马路和城内中正街一带。各旅馆都有接客，每逢轮船、火车到埠的时候，那旅馆的接客手拿仿单，到埠迎接旅客。旅客欲住何家，只要接收仿单，将行李点交给接客，先行前往。到了旅馆，看定房间，填写旅客单（旅客单上须填一宁地熟人姓名作保）；如有银钱和重要物件，可交存旅馆账房，保存收条。平时出门，须令茶房加锁房门。若自行加锁，茶房便不负责任了。行时坐轮船，可托旅馆代写船票或代定房舱，价钱或可便宜一些。

城内大旅馆，如交通、安乐等；下关大旅馆，如交通、花园、金陵等；房屋宽敞，设备清洁，惟价格略贵。房金视房间的大小、陈设的精粗雅俗而定，大约每天五角至六元不等。普通都有折扣（六折、七折）。客饭每餐二角五分至六角。也可随意点菜。茶房酒钱，随意赏给。

【旅馆的地址】

【下关】

中国旅馆	沪宁车站	电话四二二
金陵大旅社	下关大马路	电话四七七

招商旅馆	下关大马路	电话四六〇
交通旅馆	下关二马路	电话二〇一
东南饭店	下关二马路	电话三七八
上海旅馆	下关二马路	电话一四一
花园饭馆	下关湖北街	电话五八四

【城内】

交通旅馆	城内中正街	电话一二一·三五七
江苏旅馆	城内中正街	电话一二三一
孟渊旅馆	城内中正街	电话一八五
惠中旅馆	城内中正街	电话三三九
南京旅社	城内四象桥	电话一四九〇
南洋旅社	城内四象桥	电话六一一
大华饭店	城内花牌楼	
新华旅馆	城内花牌楼	电话一二二二
安乐饭店	城内太平街	电话七七七
中央旅社	城内太平街	电话九三九
全安旅馆	城内大行宫	电话二三〇
华洋旅馆	城内大行宫	电话一五二
老泰安栈	城内状元境	电话七八六
大通旅社	城内状元境	电话一三二二
南洋旅社	城内状元境	电话五四一
秦淮旅馆	城内贡院街	电话一三三
第一旅馆	城内贡院街	电话一七七

江南大旅社	城内奇望街	电话七三
温泉旅馆	城内奇望街东	电话一一〇七
中华饭店	城内马府街	电话一三六七
凤来旅馆	城内马府街	电话一二八五
东方饭店	城内延龄巷	电话一〇一〇
东亚旅馆	城内碑亭巷	电话一三七二
大方旅社	城内慧圆街	电话七三五

二　饮食店

一、茶社：茶社以城内贡院街夫子庙一带为最多。茶资每碗小洋五分，每壶小洋一角。小账每人约铜元四五枚。茶社内在每天午后及晚间，大都有大鼓书等，茶资每碗小洋一角或二角。茶社有兼售面点及干丝等菜，价目不等。

【茶社地址】

大世界茶社	城内贡院西街	电话一三〇〇
大进步茶社	城内贡院	电话一九二
六朝居茶社	城内贡院街	电话五二九
大禄茶社	城内贡院街	电话一一六〇
新奇芳阁	城内夫子庙	电话三八九
奎光阁	城内夫子庙	电话一五六三
市隐园	城内夫子庙	
德星聚	城内文德桥	

二、茶舫：茶舫都在夫子庙、秦淮河一带。形式如

船，可是并不开行。现在有复兴、悦来、复来、万元、得胜、涛园、宛中等。每位茶资五分至一角，小账随意。

三、菜馆：菜馆有本地馆、京馆、苏州馆、扬州馆、广东馆、山东馆等。整席、零点，顷刻可办。惟桌数太多，须预先定座。有许多菜馆，兼办西菜。菜价不折不扣，小账加一，茶房酒力在外。

【菜馆地址】

一枝香	下关二马路	电话二五七
致美楼	下关二马路	电话五一六
五味斋菜馆	下关三马路	电话二八六
万国春番菜馆	下关江口	电话三四〇
悦宾楼	下关惠民桥河街	电话三二四
老宝新菜馆	下关惠民桥西	电话一三八
安乐酒店	城内太平街	电话七七七
致美斋	城内奇望街	电话五四六
嘉宾楼	城内奇望街	电话五六一
第一春	城内贡院街	电话二二八
金陵春番菜馆	城内贡院街	电话一七〇
小乐意酒馆	城内贡院西街	电话一〇〇四
万全菜馆	城内利涉桥	电话七三三
海洞春旅菜馆	城内利涉桥	电话一六八
福和西菜馆	城内唱经楼西街	电话一二五〇
乐斋卫生宵夜馆	城内夫子庙	电话一五二一

三　浴堂

南京浴堂，有池汤、盆汤两种：池汤浴，同在一池洗澡，容易传染病毒，不如盆汤干净。盆汤又分官盆、洋盆数种。冬季有火炉，入浴时不觉寒冷。堂内都有理发、擦背、划脚等人。营业时间，大多午前十一时至夜间十二时止。下关的大浴堂，有天然池、新华池等；城内的大浴堂，有三新池、新新池等。大浴堂，大都陈设精美，器物清洁，招待周到，惟价略贵。普通池浴一角，客盆连茶二角至三角；洋盆四角。擦背二角。划脚小洋一角至二角。理发二角至三角。小账随意。

【浴堂地址】

天然池	下关大马路	电话四四七
新华池	下关商埠局街	电话二〇六
洗新池	下关惠民桥	电话一九〇
日新池	下关河沿街	电话一九八
三新池	城内三山街	电话三九五
新新池	城内慧圆街	电话六〇二
清溪池	城内大功坊	电话四〇八
华新池	城内府东街	电话二〇八
秦淮池	城内利涉桥	电话七二二
丹凤池浴堂	城内唱经楼西街	电话四六七
东园浴堂	城内承恩寺	电话七二一
敏园盆浴堂	城内碑亭巷	电话二五三

临园盆浴堂	城内花牌楼	电话一○三
洁园	城内奇望街	
天乐池	城内吉祥街	

四　理发洗衣

男女理发店，街市里巷，所在皆是。普通修面，小洋一角。修发小洋二角至三角。女子修发，三角至五六角。

洗衣常有浣妇，每天到旅馆等处收取衣服。短衫裤每件约铜元八枚，长衫约铜元十二枚，被褥蚊帐等每件约一角。西式洗衣作，城内四象桥和下关兴中门等处都有，每件价约五分至二角。西装及绸衣，价目面议。

五　画舫

画舫在夫子庙秦淮河中。舫有大小数等。游资按舫的大小、乘坐时间的长短和天气的寒暖等作标准。大约夏日最贵，秋末和阴雨天价贱。游时应预先讲明价钱，以免游后任意需索。小账酒力，随意酌赏。现把画舫的种类和每天游资，分列于左：

一、大号画舫　四舱　游资约十余元。

二、二号画舫　三舱　游资约七八元不等。

三、三号画舫　两舱　游资约二三元。

四、小号画舫　一舱　游资约七八角至一二元不等。

六　戏园

南京戏园，分新剧、旧剧两种。日戏不及夜戏，夜戏的好戏，又在最后。戏价每人二三角至一元不等。夜戏价目，常较日戏为贵。如遇名角登台，戏价也要略贵。

金陵大世界	下关商埠局街	电话一五六
青白新剧社	下关惠民桥	
金陵大剧院	城内姚家巷	电话一一五八
南京大舞台	城内府东街	电话二一八

七　电影院

电影院，每天映演两场或三场。日场价廉，夜场略贵。每人二角至四五角不等。如开映名片时，价目常要增加。

南京影戏院	下关大马路	
中央电影院	城内文场街	电话一一一三
青白电影院	城内复成桥第一公园	
乙巳俱乐部	城内户部街	电话一二九二
益友社	城内府东大街	
青年会	城内府东大街	电话二五〇
青光电影院	城内二郎庙	
一洞天影戏院	城内夫子庙	
五洲影戏院	城内马府街	
月宫影戏院	城内四象桥	
中华电影院	城内二郎庙	
国民大戏院	城内杨公井	

第十一　物产

一　矿物

雨花石，产于聚宝山上石子岗。雨后采掘，可得佳石。佳石多花纹而透明。雨花台旁及夫子庙等处，多有出售，价格向无一定，上品每粒一元至数元不等；次品，铜元数枚，可买数十粒。

二　植物

一、土人参：土人参，一名太子参。产于钟山，为上等补品。茶社中，常有土人携来求售，每两价约二角。

二、首乌：首乌，也产于钟山。食之，能使头发乌黑。每斤价约八角，著名药店如黑廊的张泰和等家，均有出售。

三、黄精：与首乌同产也，补品之一，每斤价约四五角。土人携入城中，与首乌同售，药店中也有干的出售。

四、大头菜：大头菜，产于通济门外、皇城等处。形似莱菔，略有辣味。常腌好出售。每斤价约二角。生的，多运销广东。

五、卫瓜：卫瓜，即西瓜，产于孝陵卫，故名。味甜肉松，大的每个约重十数斤。每担价约十元内外。

六、姚枣：姚枣，产于姚芳门，故名。枣大味甜。价很廉，每斤约七八十文。

七、银杏：银杏，产于栖霞山。壳薄肉厚。

八、百合：钟山一带，农人多种百合，所出百合是白花的，瓣肉肥厚；非他处所产的红花百合所能及。每斤价约二角。

九、樱桃：樱桃，产于玄武湖的洲中，初夏时成熟，红艳可爱，香味均清绝，这时士女联翩，多就树下购食之，别饶风趣。

十、菱与藕：以莫愁湖产的为最肥大鲜嫩，味很甘美，生熟皆可食。藕亦运销各地，以往安徽的为最多。

三　动物

一、板鸭：肥鸭，冬天盐渍，叫做板鸭。以黑廊大街韩复兴的出品，最为有名。每只价约七八角。

二、盐水鸭：肥鸭用盐水泡制，叫做盐水鸭。肉肥而嫩，是初春的佳菜。每只价约七八角至一元左右。

三、童子鸡：童子鸡，肉味鲜而嫩，是冬天的佳菜。每只价约一元左右。

四　人造品

【衣料】

一、库缎：库缎①，又名贡缎。以玄色为上品；天青色

---

① 库缎：原书误作"裤缎"。

为次品。城内各大绸缎庄，都有出售，价格较他处略为便宜，每尺价约一元五角。

二、漳绒：一名天鹅绒。人工用铁机织成。丝地绒花，多作马褂用。每尺二元有余。

【食品】

三、松子糕：白松子制成，甜而不腻，香而不浊，为糖食中之上品。评事街大同茶食号制者最佳。每斤八百文。

四、金波酒：味甘冽而有清香，色微黄，性甚平和，为夫子庙万全所酿。每斤价三角。

第十二　各种事业的机关

一　行政

国民政府	城内国府街	电话五八七二二五
行政院	国民政府后进	电话一七九五
立法院	城内侯府	电话一一五四一三六八
考试院	城内关岳庙	电话一七六四
监察院	城内中正街	电话八五五
司法院	城内干河沿	电话一四四八
内政部	城内平仓巷	电话八三五
外交部	城内狮子桥	电话四七九
军政部	城内三牌楼	电话一一一〇
财政部	城内铁汤池丁园	电话一三九四·六七一
农矿部	城内干河沿	电话一三三八五三九
工商部	城内鼓楼南	电话一〇〇九
教育部	城内成贤街	电话一三六六
交通部	城内慈悲社	电话总机一二〇〇·一四一一·一四一二·

铁道部	城内杨将军巷钟南中学	电话一七九七 一七九八
卫生部	汉西门前贵格医院	电话一八〇〇 一六四三
首都卫戌司令	城内旧藩署	电话八四二
国府委员招待所	城内狮子桥	电话七五三
国府审计院	城内中正街	电话一六四五
中央研究院	城内成贤街	电话一三五
南京短波无线电台	城内旧督署	电话五一一
南京无线电台	城内北极阁	电话一三一三
工商部商标局	城内八府塘	电话一四一四
国民政府建设委员会	城内韩家巷	电话七二一三
国民政府禁烟委员会	城内韩家巷	电话一七七三
鼓楼测候所	城内鼓楼	电话一五三四
南京特别市政府	城内贡院	电话五二一
市政府参事会	城内复成桥	电话一四三二
市教育局	城内奇望街	电话一〇五
市财政局	城内贡院	电话五
市工务局	城内贡院	电话一二九五
市土地局	城内警厅后街	电话九二九
市公安局	城内珠宝廊	电话一三四三·五〇
公安局东区警察署	城内贡院街	电话一二五
公安局南区警察署	城内全福巷	电话二六九
公安局西区警察署	城内大王府巷	电话三〇一

公安局北区警察署	城内鼓楼	电话六四三
公安局中区警察署	城内大行宫	电话七六九
水上警察署	城内三汊河	电话三八二
下关警察署	下关大马路	电话四三一
最高法院	城内金陵神学	电话一〇四〇
交涉公署	城内高家酒店	电话二一
金陵关	下关大马路	电话四〇一
美领事馆	城内三牌楼	电话三八
英领事馆	中山门内	电话一一〇
日本领事馆	城内鼓楼	电话八九三
江宁铁路局	城内鼓楼	电话三二
津浦铁路局办公处	下关利源里	电话二九七
火药库	下关刘家岗	电话一七五
陆军测量局	城内大石桥	电话四九
江宁县政府	城内三坊巷	电话九〇五
江宁县建设局	城内三坊巷	电话一四二一
江宁县教育局	城内贡院西街	电话六五三
江宁县公安局	城内新廊	电话六九五
江宁地方法院	城内新廊	电话一九五·一二三
江宁第一监狱	城内大石桥	电话二三二

二　党部

中央党部	城内丁家桥	电话三二四
南京特别市党部	城内奇望街	电话一二○三
江苏省党部	城内大仓园	电话九六一
江宁县党部	城内内桥	电话一六七四

三　公共事业

国学图书馆	城内龙蟠里	电话一○一
公共体育场	城内半边街	电话六二八
通俗教育馆	城内大中桥	电话二三九
第一公园	城内复成桥	电话九八七
五洲公园	中正门外	电话一二七四
造林厂	城内四方城	电话一四八六
总工会	城内曹都巷	电话一三七五
商民协会	城内黑簪巷	电话一一三二
下关商会	下关街	电话五一八
南京总商会	城内中正街	电话一九六
市商民协会	城内中正街	电话九八三
青年会	城内府东街	电话一一五○
女青年会	城内大仓园	电话九五二
救生总局	城内信府河	电话八四七
下关救生局	老江口	电话一七二
南京妇孺救济会	城内后庄巷	电话一九九

红十字会分会	城内钓鱼巷	电话一○九
下关红十字会	下关街	电话二四二
广利慈善会	城内三条巷	电话九八六
江宁普育堂	城内小膺府	电话一一八○
育婴堂	城内剪子巷	
清节堂	城内剪子巷	
老人堂	城内剪子巷	

四　学校

中央大学	城内四牌楼	电话一一八七
中央大学教育行政院	城内单牌楼	电话五二二
中央大学科学馆	城内四牌楼	电话一二四八
中央大学工学院	城内复成桥	电话六五○
中央大学农学院	城内成贤街	电话一四○七
中央大学图书馆	城内成贤街	电话七五六
中央大学女生宿舍	城内成贤街	电话四五七
中央大学蚕桑试验场	玄武门外	电话一○五一
中央陆军军官学校	城内香林寺	电话一三四一
中国国民党中央党务学校	城内红纸廊	电话一四四九
金陵大学	城内干河沿	电话八九
金陵女子大学	城内东瓜市	电话四七一
文化大学	城内龙蟠里	电话一七三一
南京中学	城内门帘桥	电话四○四

南京中学二院	城内八府塘	电话一四九五
南京女子中学	城内细柳巷	电话一三二〇
南京五卅公学	城内保太街	电话一五三六
金陵中学	城内干河沿	电话七九〇
安徽公学	城内中正街	电话一一〇六
南京正谊中学	城内申家巷	电话六九八
成美中学	城内大香炉	电话一一九〇
钟英中学校	城内南捕厅	电话七六一
中央大学实验小学	城内大石桥	电话三二九
南京中学实验小学	城内门帘桥	电话八七五
南京女子中学实验小学	城内中正街	电话二〇二
市立东区实验学校	城内大行宫东街	电话一〇八七
市立南区实验学校	门东小心桥	
市立北区实验学校	城内莲花桥	电话一五三三
市立中区实验学校	城内江宁府西街	电话一三七一
贫儿教养院	城内昇平桥	电话七〇二

五　医院

博爱医院	下关铁路桥	电话二七一
东南妇幼医院	下关天寿里	电话一四六
协和医院	下关富润里	电话六〇六
陆军医院	城内李相府东花园	电话六八六
陆军医院	城内细柳巷	电话一八八

鼓楼医院	城内鼓楼	电话一二二一
广济医院	城内贡院西街	电话五九五
中南医院	城内唱经楼	电话六〇六
康济医院	城内科巷	电话四八五
昇平医院	城内昇平桥	电话三七
东南医院	城内杨将军巷	电话一二五二
光中医院	城内香铺营	电话九七九

六　商业

一、金融

中国银行	下关江口	电话三四三
中国银行	城内珠宝廊	电话一六五
交通银行	下关大马路	电话四一一
交通银行	城内中正街	电话三五一
江苏银行	下关惠民桥西	电话四六一
江苏银行	城内奇望街	电话一七一
上海商业储蓄银行	城内北门桥	电话八六六
上海银行	下关鲜鱼巷	电话四八一
中央银行	城内奇望街	电话一九三三
市民银行	城内坊口街	电话一八一九

二、书报印刷

中华书局	下关大马路	电话一五九
中华书局	城内花牌楼	电话二四三

商务印书馆	城内花牌楼	电话一八七
世界书局	城内花牌楼	电话五二七
共和书局	城内花牌楼	电话三三三
中山报馆	城内门帘楼	电话七六七
国民革命军日报	城内奇望街	电话八一八
京报社	城内估衣廊	电话六四二
南京三民导报馆	城内碑亭巷	电话九四
民生报社	城内金陵神学	电话八八九
民意报馆	城内胭脂巷	电话一五〇一
国民政府印刷所	城内骂驾桥	电话一四八八
中国印刷厂	城内朝天宫	电话一四六三
锡成印刷公司	城内花牌楼	电话一一〇〇
南京印书馆	城内太平街	电话一二一五
中央日报馆	城内珍珠桥	电话一八六九
大陆印书馆	城内国府大街	
京华印书馆	城内郭家巷	
美吉印刷厂	城内四牌楼	电话三一六
宁大印刷厂	城内府东街	电话一一三三

三、衣食住卫生

大祥衣庄	城内讲堂街	电话一一六四
大裕衣庄	城内三山街	电话三九七
正泰衣庄	城内三山街	电话三四八
天福绸布庄	城内承恩寺	电话八四三

天盛绸布庄	城内大功坊	电话一三一九
天祥缎号	城内胭脂巷	电话二六六
大丰皮货号	城内黑廊	电话一一六三
清昌顺帽庄	水西门大街	电话一四九六
嘉禄中西鞋庄	城内黑廊街	电话一二八八
陈嘉庚橡皮公司	城内花牌楼	电话一一四五
中央西服公司	城内太平街	电话一二七八
新茂永军服皮件号	城内花牌楼	电话一三四七
豫华成皮件厂	城内府东街	电话九八一
丽新染织公司	城内木料市	电话九八四
久大精盐公司	下关二马路	电话五五〇
陈裕和茶庄	城内大中桥	电话八一〇
涌茂茶食号	南门大街	电话四八三
萃奇南货号	城内彩霞街	电话三六六
罗万兴水果店	城内彩霞街	电话五一九
魏洪兴鸡鸭号	城内彩霞大街	电话一六二
南洋兄弟烟草公司	城内黑廊	电话十一六
中法大药房	下关二马路	电话一六九
中央药房	城内南门大街	电话九四八
华商大药房	城内太平街	电话一四七
华大西药房	城内吉祥街	电话六八
华安大药房	城内坊口大街	电话八八七
天德堂药号	城内承恩寺	电话一七九

人和堂药号	城内大中桥	电话一二八六
童恒春药号	城内武定桥	电话一一七三
张泰和药号	城内黑廊	电话七五四
江南春香粉铺	城内行口	电话七一四
胡开明笔墨发行所	城内承恩寺	电话一五四一
大生纸号	城内府东大街	电话三〇九
成章纸号	城内奇望街	电话四三六
承记红皮号	城内内桥	电话一五六六
永记玻璃店	城内讲堂大街	电话六六五
瑞记器料号	城内讲堂街	电话一〇八五
瑞丰五金电料号	城内府东街	电话四八二
源丰五金号	城内花牌楼	电话七五〇
天升永五金号	城内花牌楼	电话一〇九一
永和泰五金电料号	城内府东街	电话七九五
亨达利钟表行	城内黑廊街	电话二六〇
亨得利钟表号	城内黑廊街	电话四二九
美华利钟表眼镜公司	城内锦绣坊口	电话一一五五
柏林钟表眼镜行	城内承恩寺	电话一一九七
合兴泰木器号	城内太平街	电话一三四九
孙耀记木器号	城内太平街	电话七二

四、杂类

南京百货商店	城内估衣廊	电话一一六七
公共拍卖所	城内鼓楼东	电话二〇三

华安人寿保险公司	城内安品街灯笼巷	电话二〇七
华嘉保险公司	城内许家巷	电话五六四
中华照相馆	城内奇望街	电话一〇四六
南京照相馆	城内唱经楼	电话一四九二
金陵照相馆	城内花牌楼	电话五六九
远东照相馆	城内吉祥街	电话一〇六
惟肖照相馆	城内贡院街	电话四〇
新华照相馆	城内夫子庙	电话九四二
同济典	下关惠民桥西	电话三四九
仁济典	下关鲜鱼巷	电话一九二
通济典	城内大中桥	电话九六
公济典	城内珠宝廊	电话七
会济典	城内花市	电话五三

七　工厂

造币厂	城内下浮桥	电话三〇
金陵制造局	南门外	电话一一七五
机器局	南门外	电话一二二
新昌机器厂	城内杨公井	电话九六三
仁寿工厂	城内下江考栅	电话一三八九
源盛工厂	城内三道高井	电话九六八
华丰裕酒厂	通济门外	电话二二一
耀华肥皂厂	城内淮清桥	电话七八二

电灯厂　　　　　城内西华门　　　电话一三一

裕工布厂　　　　城内油市大街　　电话一三四二

南京新旧城门街道名称对照表

自从南京定为首都后，城门名称，业由国府根据市府请求，改正七门；全市街道名称，又经南京公安、社会两局审查，凡不合潮流者，一律改正。计共一百四十一处。现特附表于后，以便检查。

城门

旧有名称	改正名称
丰润门	玄武门
朝阳门	中山门
洪武门	光华门
聚宝门	中华门
海陵门	挹江门
神策门	和平门
仪凤门	兴中门

街道

旧有名称	改正名称
	【东一区】
洞神宫	并入奇望街

【东二区】

水巷	便民巷
察院巷	淮清桥东巷
东钓鱼巷	严陵东巷
西钓鱼巷	严陵西巷
火星庙后街	太平星后街

【东三区】

文昌巷	吉祥街东巷
英威街	西华门大街
水巷	小科巷

【东四区】

土地庙后	公园路后
双龙巷	通济门后街
御道街	一道街
紫禁城	紫金城
旧将军街	飞机场
狗儿街	电灯厂北巷
都统巷	工厂街
洪武门东街	光华门东街
洪武门西街	光华门西街
朝阳门大街	中山门大街
朝阳门后街	中山门后街

【南一区】

文昌阁	并入郭家巷

道署街使署口	并入部署街
伏魔庵	并入望鹤冈

【南二区】

财神古道	颜料坊东街
王府巷	维新巷
瓦匠巷	瓦工巷
皇册库	寰泽库
九儿巷	多子巷
小九儿巷	小多子巷
水斋庵	水斋巷
张府园	张家苑
小门口	南小门口
南门大街	中华门大街

【南三区】

骂驾桥	马家桥
堂子巷	并入琵琶巷
石观音	周处台

【南四区】

城捕厅后	南四区后
堂子巷	米行街
仙坛西	鲜鱼塘西
财神庙	下庙头
鸭子塘	仙鹤巷
水巷	米行街河沿

三藏殿	一里村
南门外大街	中华门外大街

【西一区】

天妃巷	添福巷
鬼巷	桂巷
红土桥	随园桥
鸭子塘	先知塘
沈举人巷	沈家巷
堂子巷	西堂子巷
焦状元巷	焦家巷

【西二区】

王府巷	大民生巷
小王府巷	小民生巷
仁义里	依仁里
小不巷	狭巷
狗皮山	土山苑
三茅宫	三茅巷
朝天宫	并入红纸廊
厕所巷	三家巷
大水巷	通关巷
鸡鹅巷	西鸡巷
朱状元巷	朱家巷

【西三区】

太平桥	宁安街

太平里	静安里
金粟庵	金粟里
九天祠	里仁巷
小仙鹤街	并入仙鹤街
凤游寺	凤游街
太平街	保安街
六度庵	六度巷
地藏庵	笙月巷
大水巷	菱角巷

【西四区】

二条巷	一家村
土桥	并入文昌桥
水巷	并入老虎巷
皇城拐角	军校里
鬼城斗鸡闸[①]	并改贵巷
姚家巷	并入大纱帽巷
御史廊	玉狮廊
双龙巷	天文台巷

【北一区】

将军庙	中山阁
柏果树	柏树路

---

① 鬼城斗鸡闸：原书作"鬼城门鸡闸"，据 1907 年《金陵省城图》、1928 年《最新首都全图》校改。

许家巷	绿筠里
观音庵	观音街
水井巷	并入鼓楼东街
安仁街	子午街

【北二区】

小门口	通山街
狗耳巷	益农巷
虹桥	三民桥
太平桥	和平桥
妙峰庵	竹林坡
狮子街	祖师庵
立志巷	驴子街
居仁巷	头条巷
由义巷	二条巷
守礼巷	三条巷
明智巷	四条巷
崇信巷	五条巷

【北三区】

大城隍巷	大成巷
小城隍巷	小成巷
大行宫	和平街
行宫东街	和平东街
东辕门	国府大街
西辕门	国府大街

水巷	豆花村巷
相府营	尚富营
观音阁	欢迎阁
大狮子巷	大狮巷
小狮子巷	小狮巷
石婆婆巷	石人巷
鸡鹅巷	北鸡鹅巷
宗老爷巷	宗家巷
闺阁祠	规过巷
茅厕巷	利用巷
上乘庵	上乘巷

【中一区】

猪宰巷	栽竹巷
西方庵	西方湾
二郎庙	电话局西街
水巷	公益巷
小水巷	小公益巷
堂子巷	中堂子巷
游府西	电话局西街
毛厕巷	电话局东街

【中二区】

踹布坊	布坊巷
进香河	尽善河
陆家巷	禄嘉巷

金銮巷	总郭东巷
卢妃巷	芦飞巷
老王府	虹桥北

【中三区】

城隍庙西街	府前街
观音庵	锁巷
白衣庵	土山巷
旧王府	玉街

【下关一区】

天后宫	兴中门外大街
状元埂	学士埂
太平里	昇平里
东台庵	东台巷
海陵门外	挹江门外
仪凤门外	兴中门外大街

笔
记

笔记

月	日	項	目	百	十	圓	角	分	釐

旅費散支表

月　　日	項　　　　目	百	十	圓	角	分	釐

旅費收支表

人名錄

姓名	住址	電話

人名錄

姓 名	住 址	電 話

書信收發表

人名 日期 附記									人名 日期 附記
月 日	月 日	月 日	月 日	月 日	月 日	月 日	月 日	月 日	人名 日期 附記
月 日	月 日	月 日	月 日	月 日	月 日	月 日	月 日	月 日	

書信收發表	人名日期附記								人名日期附記
	月日	月日	月日	月日	月日	月日	月日	月日	
	月日	月日	月日	月日	月日	月日	月日	月日	

新都游览指南

（民国）方继之　编

南京出版传媒集团

南京出版社

目　录

最新南京市街圖

方繼之編

下關與浦口圖

浦口

下關

紫金山（即鍾山）

玄武湖

明孝陵

明故宮

中央黨部

中山路

圖例

城垣　城門　湖河　鐵路　馬路　官署　機關　醫院　學校　郵局　銀行　廟宇　汽車站　碼頭

新都各城门新旧名称对照表

原名称	新名称	更改理由
神策门	和平门	"神策"二字意涉神怪，且民国十六年龙潭之役，其激战最烈之地，即在该门附近，故改今名。
仪凤门	兴中门	"凤凰来仪"系君主专制时代夸耀祥瑞之阿谀词，不适用于共和时代，故改今名。
聚宝门	中华门	意涉迷信，故改为中华门，以表纪念中华民国立国之意。
丰润门	玄武门	清江督张人骏，直隶丰润人。启此门时，属官阿谀张氏，故定名丰润，现改为玄武门。
朝阳门	中山门	"朝阳"二字系帝制时代口吻，且此门直达总理陵墓，冠以"中山"二字，经过之人见之，可以唤起其景仰总理之心也。
海陵门	挹江门	"海陵"系泰县古名，此门开于韩国钧长苏时，盖韩系泰县籍，因韩而命名海陵也，现改为挹江门。
洪武门	光华门	"洪武"系明太祖之年号，含有帝制之意味，故改为光华。
通济门	共和门	
太平门	仍旧	
金川门	仍旧	
草场门	仍旧	
钟阜门	仍旧	
水西门	仍旧	
汉西门	仍旧	
武定门	仍旧	

孫中山先生陵墓之一

孫中山先生陵墓之二

中央黨部

北極閣之一

北極閣之二

221

雨花臺之一

雨花臺之二

山 霞 棲

磯 子 燕

大 鐘 亭

同 泰 寺

四 方 城

鼓 樓 公 園

明 孝 陵 之 一

明 孝 陵 之 二

明孝陵之三

明孝陵之四

秦 淮 河

莫 愁 湖

後　湖

胭　脂　井

朝 天 宮

中 央 大 學 運 動 場

第 一 公 園

下 關

例　言

一、本书专供游览南京者,采作向导之须。而书成新都设立之后,故名新都游览指南。

一、本书附最新南京市街图一幅,凡山水、街道、政府、新设各公署、学校、工厂、庙宇、医院,及各名胜、古迹、场所,无不备载,足为实履其地者之南针。

一、本书卷端,印铜版风景图二十数帧,俾游人得按图访迹。

一、本书第一章概说,述名称、沿革、城垣、形势等,使游人知新都地利之大概。

一、第二章交通,分南京与外埠往来、南京本埠交通两类。详述火车、轮船、时刻价目。于本埠街道交通情形,及车马某地至某地价目,均照最近调查列入,极其翔实。此外于邮电转运一类,于旅客欲询各项,均备载无遗。

一、第三章名胜古迹,因所在地走访之便,分为七程。于各程分述时,先叙游览行程,视所经途路,及吊访休憩之顺序。次详述各名胜古迹。大约每程,一日可以游毕。故游客可随意支配,某日游某程焉。

一、第四章宿食娱乐,详述旅馆、酒市、茶寮、茶舫、浴堂、戏园、书舫等之习惯情弊，及地址、电话、价目等，以便旅客随时查考。

一、第五章于各种重要机关，如官署、学校、银行、商店、工厂，均详备其地址及电话号头。而于最新设立之各官署、各司令部、各集团军驻京办公处、各党部、区党部及区党分部，以及各军医院，亦由最近调查备载无遗。

一、第六章物产，将南京著名物产，一一叙明，以便旅客选购，归赠亲友。

一、南京地大物博，调查容有不周，或时迁事易之处，尚祈阅者诸君，随时示知，以便于再版时更正为幸。

编者方继之谨识

第一章　新都概说

名称沿革

南京，春秋时属吴，战国时属楚，名曰金陵。秦汉时更名秣陵。三国孙吴定鼎于此，锡名建业。晋，更名建康。唐至德间，改名江宁。明初复为都城，称应天府；及成祖北迁，乃改称南京，此南京得名之始也。清代改为江宁府，治设江宁、上元二县。民国后，裁府，并元宁二县为江宁县，省长治之。民国十六年春，国民革命克金陵。依孙总理在日之主张，而奠都于是。

形势

南京，雄据长江东岸，东接句容，南连溧水，西界江浦，北与六合隔江相续。其地，适当长江下流，密迩海滨，为长江流域诸省之门户，控沿海七省之腰膂。而其城又依长江为天堑。外屏雨花台及乌龙、幕府、紫金诸山，内枕狮子、清凉诸山，形势雄伟，自古有龙蟠虎踞之称，是故六朝、南唐及明初，先后卜都于此。况今者，铁路北通直、鲁、晋、豫及关东三省，航线由上海遍及五洲各国，内驭全国，外应寰球，无往不利。故民国元年，孙总理曾设临时政府于此。

城垣

南京昔有内外二城：外城建于明初洪武二十三年，周一百八十里。辟姚芳、仙鹤、麒麟、沧波、高桥、上方、夹冈、双桥、凤台、大安德、小安德、驯象、江东、佛宁、上元、观音等十六门，今仅存其名而已！内城周九十六里，辟门亦十六；而擅交通之便者，凡十有一门。北曰仪凤（兴中）、金川、神策（和平）三门：仪凤门，扼城内达轮埠、车站、孔道，为内城门户；金川门，为通宁省铁路（俗称小火车）时所辟。东曰丰润（玄武）、太平、朝阳（中山）三门：丰润门，为通后湖捷径；朝阳门，为至中山墓、明孝陵及南汤山要道。南曰洪武（光华）、通济（共和）、聚宝（中华）三门：聚宝门即南门，当南乡诸镇入城之冲，市肆喧阗。西曰水西、汉西二门：水西门，路通江东门、上新河一带，为民船萃集之地，其繁盛与聚宝门相埒。此外北有钟阜门，西有海陵（挹江）、定淮、草场、清凉四门；或已封闭，或荆棘塞途，大都已无交通之利矣。最近首都市政府以南门为四乡入城要道，终日拥挤，交通诸多不便，乃于城之东南隅正觉寺傍，新辟一门名曰武定。

第二章　交通

南京与外埠往来

总说

南京与外埠交通，分水陆两途。陆路，直接之铁路有二：

北曰津浦铁路，贯皖北、燕、鲁，至于天津。间接：由徐州可附陇海铁路，东达海州，西通汴洛；再间接而至平汉沿线诸埠。由济南可附胶济铁路，以至青岛；或另趁烟潍汽车，而至蓬莱、烟台等地。由天津可附平奉铁路，东通关东，北至北平，或更附平绥铁路以至塞北；转平汉、正太二路，以至保定、太原等埠。

东南曰沪宁铁路，东南行达上海。间接：由上海附淞沪路，可达吴淞；附沪杭甬铁路，可至杭州。为便利旅客计，国有各路，大抵均售通票，可以联运，旅客游子，欲于南京至各埠，或各埠至南京，均可购取通票。庶免分次购票及换车时照应行囊什物之烦。其订章：旅客可带免费行李包裹及各种物品，重量不得过六十公斤，容积不得过三百立方公寸。如过此数，须照章纳费，或自行命站内脚夫搬运上下（即不交站系票签及对号也）。凡牲畜、车轿、金银，货币、有价证券等，均可直达运送。此外有来回游览票、周游票及团体旅行票等，均照原价减售。欲知票价、运费、行车时刻及其他章程，均可随时向各路车务处或站长接洽。

水路，分大轮船、小轮、民船三项：

大轮船：沪汉线，东通上海，西至汉口。间接：由上海趁沿海轮船，可达宁波、福州、厦门、汕头、香港、广州、青岛、烟台、大连、营口、天津等埠；趁外洋轮船，可至日、美、英、法等国及南洋各埠。

小轮船：直接者，有至扬州、六合、芜湖三线。间接由扬州附清江班，可至淮、宝等埠。间接由芜湖转轮，可至合肥、宜城一带。

民船：大都停泊于下关、水西门、南门、通济门等处。如至湖墅镇、龙都、桃吴、秣陵关、洛口、三星桥、三义镇、王家渡、横溪镇，及下关与水西门、汉西门间，均有航船，取值甚廉。若乘客欲随时专雇，其价稍昂；水西门或汉西门至下关，下关至上新河，均须五六角不等。下关至观音门、笆斗山，须五角或一元云。

兹将南京兴外埠直接联络之火车、轮船详述于次。

火车

（1）沪宁铁路　沪宁铁路自上海至南京，分七大站：1. 上海；2. 苏州；3. 无锡；4. 常州；5. 丹阳；6. 镇江；7. 南京。（有二站：一曰下关车站，在下关邓府巷，密迩小火车站；凡至下关及进城者，在此站下。一曰江边车站，在江干煤炭港口，有公渡与彼岸联络，凡欲接乘津浦车者，须在此下站。）每日自上午七时起，至下午十一时止。开行沪宁间长车，来回各五次。锡宁短车，来回各一次。

附沪宁铁路行车时刻表（本表系十七年十二月调查，以后如有变更，当随时更正）

【由上海至南京】（表内以小时为单位，凡表中·即代表点字）

车／站	快　车	特别快车	慢　车	快　车	宁锡车	夜　车
上海开	七·〇五 上午	八·五〇 上午	九·一〇 上午	一二·四〇 下午		九·三〇 下午
苏州开	九·一六 上午	一〇·五四 上午	一二·一二 上午	二·五九 下午		〇·一五 下午
无锡开	一〇·一八 上午	一一·五二 下午	一·三九 下午	三·五二 下午	六·三五 上午	一·二五 上午
常州开	一一·二一 上午	一二·五〇 上午	二·五四 下午	四·五五 下午	七·五一 上午	二·三五 上午
丹阳开	一二·二四 下午	一·四六 下午	四·〇八 下午	六·〇一 下午	八·五八 上午	四·〇二 上午
镇江开	一·一八 下午	二·二九 下午	五·一三 下午	七·〇一 下午	一〇·〇五 上午	五·〇六 上午
南京到	三·〇三 下午	三·四六 下午	七·二六 下午	八·三七 上午	一二·〇五 下午	七·〇〇 上午

【由南京至上海】（表内以小时为单位，凡表中·即代表点字）

车／站	快　车	特别快车	慢　车	快　车	宁锡车	夜　车
南京开	七·〇五 上午	九·一〇 上午	九·二五 上午	一二·三〇 下午	四·三五 下午	九·三〇 下午
镇江开	八·五二 上午	一〇·五二 上午	二·四八 上午	二·三六 下午	六·五四 下午	〇·〇二 下午
丹阳开	九·三六 上午	一一·三三 上午	一二·五一 下午	三·三七 下午	七·五〇 下午	一·〇〇 上午
常州开	一〇·四四 上午	一二·四〇 下午	二·一一 下午	四·四四 下午	九·一一 下午	二·二七 上午
无锡开	一一·五四 上午	一·三四 下午	三·四七 下午	五·四七 下午	一〇·二五 下午	三·四一 上午
苏州开	一二·五一 下午	二·二六 下午	五·一〇 下午	六·五一 下午		四·四九 上午

续表

站＼车	快 车	特别快车	慢 车	快 车	宁锡车	夜 车
上海到	二·五六 下午	四·〇五 下午	八·二〇 上午	八·五五 下午		七·〇〇 上午

附沪宁路各站价目表（以元为单位，表中·即代元字）

【普通车价目表】

·孩童乘车免费年龄之限制　凡小孩乘车，未满四岁者，准免收费；已满四岁至十二岁以下者，须照收半票；已满十二岁及十二岁以上者，照收全价

（每格内三项数字依次为头等、二等、三等车价；格头 1 2 3 即车等）

起站＼到站	丹阳	常州	无锡	苏州	上海
苏州					三·四〇 / 一·七五 / 〇·八五
无锡				一·八〇 / 〇·九〇 / 〇·四五	四·六〇 / 二·三〇 / 一·一五
常州			一·八〇 / 〇·九〇 / 〇·四五	三·四〇 / 一·七五 / 〇·八五	六·〇〇 / 三·〇〇 / 一·五〇
丹阳		一·八〇 / 〇·九〇 / 〇·四五	三·二〇 / 一·六〇 / 〇·八〇	三·四〇 / 一·七五 / 〇·八五	六·八〇 / 三·四〇 / 一·七〇
镇江	一·〇二 / 〇·五六 / 〇·七三	三·〇〇 / 一·五〇 / 〇·七五	四·六〇 / 二·三〇 / 一·一五	五·六〇 / 二·八〇 / 一·四〇	七·八〇 / 三·九〇 / 一·九五

续表

南京	1 2 3					
	二·八○ / 一·四○ / ○·七○	三·六○ / 一·八○ / ○·九○	五·二○ / 二·六○ / 一·三○	六·四○ / 三·二○ / 一·六○	七·二○ / 三·六○ / 一·八○	一○·○○ / 五·○○ / 二·五○

【特别快价目表】（夜车价目同）

· 客票有效期限　当日有效隔日作废

价目表（各格按 1 · 2 · 3 三等列价；单位：元）

自 ＼ 至	镇江	丹阳	常州	无锡	苏州	上海
苏州						四·○○ / 二·○○ / 一·○○
无锡					二·四○ / 一·二○ / ○·六○	五·八○ / 二·九○ / 一·四五
常州				二·二○ / 一·一○ / ○·五五	三·八○ / 一·九○ / ○·九五	七·二○ / 三·六○ / 一·八○
丹阳			二·○○ / 一·○○ / ○·五○	四·○○ / 二·○○ / 一·○○	五·八○ / 二·九○ / 一·四五	八·六○ / 四·三○ / 二·一五
镇江		一·八○ / ○·九○ / ○·四五	三·六○ / 一·八○ / ○·九○	五·二○ / 二·六○ / 一·三○	六·八○ / 三·四○ / 一·七○	九·六○ / 四·八○ / 二·四○
南京	三·四○ / 一·七○ / ○·八五	四·二○ / 二·一○ / 一·○五	六·四○ / 三·二○ / 一·六○	七·六○ / 三·八○ / 一·九○	九·二○ / 四·五○ / 二·二五	一二·○○ / 六·二○ / 三·一○

（2）津浦铁路　津浦铁路，自天津至浦口，火车站凡四：一、浦口；二、徐州；三、济南；四、天津。每日上行车及下行车，均开特别快车及通车各一次。

附津浦铁路行车时刻表　（此表系十六年八月调查，嗣后如有变更，随时更正）

【由浦口至天津】

车／站	特别快车	通　车
浦口开	八·五〇　上午	一〇·〇〇　上午
徐州开	五·〇八　下午	七·四八　下午
济南开	二·〇四　上午	五·五八　上午
天津总站到	一〇·一五　上午	三·三二　下午

【天津至浦口】

车／站	特别快车	通　车
天津总站开	一·二〇　下午	十·〇六　上午
济南开	九·五七　下午	七·五〇　下午
徐州开	六·五一　上午	六·〇〇　上午
浦口到	二·三八　下午	四·〇二　下午

附津浦铁路各站价目表

浦口	三等	二等	头等
徐州	四·二〇	八·四五	一二·六五
济南	八·三〇	一六·六五	二四·九五
天津	一二·七五	二五·五〇	三八·二五

天津	三等	二等	头等
济南	四·四五	八·八五	一三·三〇
徐州	八·五五	一七·〇五	二五·六〇
浦口	一二·七五	二五·五〇	三八·二五

（3）乘火车须知

（一）携带行李　沪宁路，头等客，准带免费行李一百三十四斤；二等客，准带行李一百斤半；三等客，准带行李六十七斤。津浦路，可带免费行李，头等客，一百二十斤；二等客，准带行李九十斤；三等客，准带行李六十斤。如逾定额，须照章纳费，否则自行命站内脚夫搬送上下亦可（即不由车站运输房系票签记号数是也）。

（二）脚夫搬送　凡脚夫搬送行李，由车站门口送上火车，或由火车上搬下，送至车站门外，每件照订章给铜元四枚。行李上所系之对号牌，及所贴之票签，此系站上应做之事。旅客于取此牌或票签时，及对号取物解牌时，均不须付给分文。倘脚夫人等有留难，额外多收，均可告知站长究办。惟行李多，或不系牌者，亦宜酌量多给若干，以免纠纷。

（三）来回票　旅客之至目的地，无多盘桓而仍回至原处者，可购来回票。沪宁路，二等以上客，可购来回票。沪宁杭甬路，三等客即可购来回票。票价均照原价七折，其票三天内可用。

（四）睡车票　沪宁路，夜车睡床，单程票，无论至何站，每床照头等加三元。津浦路，每日开行之通车，均有头等睡车，并备卧具。头等客，床位票五元。惟须向天津总局车务处或浦口济南车务段长处预定。

轮船

（1）大轮船　航行沪汉间之大轮船，有招商、太古、怡和、大坂、日清等局之船。经南京必停泊，上下搭客，起卸货物，均有趸船，在下关沿江一带（地址见后面码头条内）。上水轮船：由上海开，经通州、江阴、镇江，大都于每日拂晓抵南京，约停一二小时，即鼓轮上驶，经芜湖、大通、安庆、九江、武穴、黄石港，均停轮载客，约两昼夜，即抵汉皋。故旅客由南京欲乘上水轮船而西者，须于隔夜在下关，以免迟误之弊。下水轮船：由汉口开，经黄石港、武穴、九江、安庆、大通、芜湖等埠，于每日午后一两点钟抵南京，约停一时许，即解缆顺流东下，经镇江、江阴、通州等埠，越一昼夜，即至上海。兹将江轮至各埠时间列一略表于下：

【上水时间表】（上海至汉口）

上海	第一日晚开（时或因上货或候潮延至第二日破晓始开）	
镇江	第二日下午九十时或十一二时到	约停二三时
南京	第三日上午六七时到	约停一二时
芜湖	第三日下午一二时到	约停二三时
安庆	第四日四五时左右到	约停一时许
九江	第四日傍午时到	约停二三时
汉口	第五日午前到	

【下水时间表】（汉口至上海）

汉口	第一日晚间九时左右开	
九江	第二日傍午到	约停二三时
安庆	第三日上午一二时到	约停一时许
芜湖	第三日午前六七时到	约停二三时
南京	第三日午后一二时到	约停一时许
镇江	第三日薄暮到	约停二三时
上海	第四日傍午时到	

　　惟长江轮船，速率各各不同，开驶亦有先后，沿路所经各埠，又有装货多少，停靠时间久暂之不同；故到埠时间迟早，各不相同。大概野鸡船较早，招商、怡和、太古等局之船较迟。

【长江轮船价目表】（表内以元为单位）

由上海到	船等 价目	一等	二等	三等	四等	四等（B）	五等	六等
镇江	统舱	一·二〇	一·一〇	一·一〇	一·一〇	一·〇〇	〇·八五	〇·八五
	房舱	二·二〇	二·一〇	二·一〇	二·一〇	二·一〇	一·九五	一·八五
	官舱	三·九五	二·八五	二·八五	二·八五	二·七五	二·六〇	二·六〇
	大餐间	一六·〇〇	来回票二四·〇〇（招商、怡和、太古三公司一律）					
南京	统舱	一·六四	一·五五	一·四〇	一·四〇	一·三〇	一·二〇	一·二〇
	房舱	三·〇〇	二·九五	二·七〇	二·七五	二·七五	二·五〇	二·四〇
	官舱	五·九〇	四·二〇	四·二〇	四·二〇	三·八五	三·六〇	二·六〇
	大餐间	一八·〇〇	来回票二八·〇〇（同上）					

船等＼价目＼上到	一等	二等	三等	四等	四等（B）	五等	六等
统舱	二·九〇	二·七五	二·六五	二·五〇	二·五〇	二·三〇	二·二〇
房舱	四·八五	四·六〇	四·二〇	四·二〇	四·〇〇	三·六〇	三·六〇
官舱	九·二五	六·三〇	六·三〇	六·三〇	五·七〇	五·四〇	五·四〇
大餐间	二五·〇〇	来回票三五·〇〇（同上）					
统舱	四·三〇	四·三〇	三·七五	三·五〇	三·四〇	三·二〇	三·一〇
房舱	六·四〇	六·四〇	五·七〇	五·七〇	五·四〇	五·一〇	四·八五
官舱	一二·八〇	八·六〇	八·六〇	八·六〇	七·七〇	七·一五	七·〇五
大餐间	三五·〇〇	来回票四五·〇〇（同上）					
统舱	四·八〇	四·六〇	四·三〇	四·一〇	四·〇〇	三·六五	三·五〇
房舱	七·九〇	七·七〇	六·八〇	六·八〇	六·四〇	五·九五	五·七〇
官舱	一五·〇〇	一〇·六〇	一〇·六〇	一〇·六〇	九·七〇	八·九〇	八·七〇
大餐间	四五·〇〇	来回票六五·〇〇（同上）					
统舱	五·三〇	四·八五	四·六〇	四·四〇	四·四〇	四·一〇	三·八五
房舱	九·九〇	九·二五	八·二五	八·二五	八·一五	七·五〇	七·五〇
官舱	一七·六〇	一三·六五	一三·六五	一三·六五	一一·四五	一〇·六〇	九·九〇
大餐间	五〇·〇〇	来回票七五·〇〇（同上）					

◎江轮等级见后乘船须知条内

（2）小轮船　自南京之附近各地之小轮船，有三条路线：一、至扬州；一、至六合；一、至芜湖；均以南京为起点。其航行南京、扬州间者，有扬子、泰丰、泰昌、天泰等局之船。其航行南京、芜湖间者，有扬子公司之船。其航驶于南京、六合间者，有泰丰局之船。每日均九、十时左右开行。

（一）南京扬州线　自南京下关开，经大河口、泗源沟（至仪征县者在此下船）、十二圩、镇江，而至扬州。

（一）南京六合线　自南京下关开，经笆斗山、划子口、大河口、三角、东沟、瓜埠，而至六合。

（一）南京芜湖线　自南京下关开，经北河口、大胜关、江宁镇、乌江、和州、采石、当涂、西梁山，而至芜湖。

【小轮船价目表】

（一）南京扬州线，客舱：自南京至笆斗山三角，至大河口、泗源沟、十二圩均四角，至镇江五角，扬州六角。官舱加倍。

（一）南京六合线，官舱：自南京至笆斗山三角，大河口四角，至东沟、瓜埠均六角，至六合七角。官舱加倍。

（一）南京芜湖线，客舱：自南京至北河口二角，大胜关三角，江宁镇四角，乌江五角，和州六角，采石七角，当涂、西梁山、芜湖均八角。官舱加倍。

南京至浦口，渡江有公渡小轮，由此岸至彼岸，约十五分钟可达。每人纳资一等洋二角，二等一角，三等五分。每半句钟开行一次。凡附乘火车者，购有联票者，无需渡资。

（3）轮船码头　大小轮船码头，均在下关江边一带。

沪宁渡江码头　在煤炭港，沪宁路江边车站。凡购有沪宁、津浦两路联票，或沪宁路乘客，欲赴浦口者，均于此渡江。

救生局码头　在老江口。

义渡局码头　同上

大安码头　在西炮台傍。

浦津渡江码头　在西炮台傍，凡至浦口者，均于此渡江。

怡和码头　在江边马路，怡和洋行前。

扬子码头　在江边马路，招商局西。

招商码头　同上

戴生昌码头　在江边马路升顺里口。

芜湖班码头　在江边马路北安里口。

官码头　在大马路口。

泰丰码头　同上

日清码头　在宁省铁路江口车站西。

太古码头　同上

大坂码头　在湖北街金陵关税务司门口。

（4）乘船须知

一、江轮等级　航行长江之各大轮船局，组织公票局，分江轮为六等：江顺、江安、江新、江华船既大且新，而又稳快，为头等。江裕、江天船大而且稳，为二等。隆和、德和、公和、黄浦，为三等。凤阳、南阳、岳阳、襄阳、瑞阳、宁绍，为四等。鄱阳、大通、安庆、武昌、联益、洞庭、瑞和、联和、吉和，为B字四等。大福、大利、大贞、大吉等东洋船，为五等。长安、盛京、德兴、之江等船，模型狭小，为六等。

二、船名识别法　凡船名以"江"字为冠者，如江顺、江华等，均我国招商局之船。凡船名下缀"和"字者，如隆和、联和等，均怡和洋行之船。凡船名用中国地名为名者，如大通、安庆、洞庭等，均太古洋行之船。其船名用一"阳"字者，如凤阳等，船名用一"大"字于上者，如大福等，则均东洋船。其余则为野鸡船。

三、买船票　买客舱票，可上船后向账房买，或托旅馆买亦可。如欲定房舱、官舱，则必须先向公司账房，或趸船账房预定，以免临时误事。又十二岁以内幼童票价减半。

四、船上防贼法　长江内河各轮船，扒手甚多，旅客务须严防。如有银钱重要物件，可交与账房。大箱等，可寄存箱舱，换取铜牌，俟到埠后持牌领物，万无一失。又船上窃贼，大都与船上茶房通声气，凡携进舱内之物，例不得窃取，倘有违者，事发后必受重创，故其窃物多在边杆内；恒于将上船而未进舱，将下船而未登岸之际。故乘客上船后，即须将物携至舱内，或托付茶房为要。

五、下船防贼法　船将靠岸之际，有各旅馆接客者，前来兜揽，名曰"接江"，一时人声喧杂，窃贼随之，多于此际下手，旅客于此时，最要留神。谚云："船到岸，心莫乱。"凡多行李者，必须于此时接受接江所持之仿单（即旅馆招牌纸），将行李交彼，万无一失。如不欲住旅馆，可于行李至栈房后，给以手续费（各埠旅馆有定例，取值甚廉）

而他迁。如其不言，则行李必须妥为看管，盖窃贼多与接江互通声气云。

南京本埠交通

火车

宁省铁路　俗称小火车。由城南中正街北驶，出金川门，达江口。分江口、下关、三牌楼、丁家桥、无量庵、国民政府、中正街等七站。

江口车站，在下关大马路南江边。凡至下关江边，或大马路者，多于此下车。下关车站，在下关邓府巷，迩沪宁车站。凡至下关，或乘沪宁车者，多于此上下。三牌楼车站，靠近农业学校及美领事署。丁家桥车站，距中央党部及劝业会场咫尺。无量庵车站，在鼓楼北，凡至中央大学（即东大）、金陵、暨南等校，及北门桥一带者，多于此下车。国民政府车站，在前督军署墙垣东，凡至花牌楼、卢政牌楼一带，及工业学校、电灯厂、省立医院等处者，当于此下车。中正街车站附近，旅馆林立，凡旅客拟在城内寄旅邸者，当乘车径至此。

小火车价，每站三等售洋五分，二等加倍，头等三倍。来回票七折，隔日作废。

小火车，每日开行，来往各八次；自上午四点五十分起，至下午九点四十五分止，约隔二小时开行一次。

附宁省铁路行车时刻表

【由江口至中正街经过各站时刻】

次数 ＼ 站名	江口开	下关开	三牌楼开	丁家桥开	无量庵开	国府站开	中正街开
一次	四·五〇	四·五五	五·〇五	五·一〇	五·一三	五·三〇	五·三五
三次	七·〇五	七·一五	七·三〇	七·三五	七·四〇	七·四五	七·五〇
五次	九·一〇	九·一五	九·二五	九·三〇	九·三五	九·四五	九·五〇
七次	一一·二五	一一·三〇	一一·四〇	一一·四五	一一·五〇	一二·〇〇	一二·〇五
九次	一·四五	一·五〇	二·〇五	二·〇五	二·一〇	二·二〇	二·二五
十一次	四·〇五	四·一五	四·二五	四·三〇	四·三五	四·四五	四·五〇
十三次	六·一〇	六·一五	六·二五	六·三〇	六·三五	六·四五	六·五〇
十五次	八·一〇	八·二〇	八·三〇	八·三五	八·四〇	八·五〇	八·五五

【由中正街至江口经过各站时刻】

次数 ＼ 站名	中正街开	国府站开	无量庵开	丁家桥开	三牌楼开	下关开	江口到
二次	五·五〇	五·五五	六·一〇	六·一五	六·二〇	六·三〇	六·三五
四次	八·〇〇	八·〇五	八·二〇	八·二五	八·三〇	八·四〇	八·四五
六次	一〇·二〇	一〇·三〇	一〇·四〇	一〇·四五	一〇·五〇	一一·〇〇	一一·〇五
八次	一二·三〇	一二·四〇	一二·五〇	一二·五五	一·〇〇	一·一〇	一·一五
十次	二·五〇	三·〇〇	三·一〇	三·一五	三·二〇	三·三〇	三·三五
十二次	五·〇五	五·一五	五·二〇	五·二五	五·三〇	五·四〇	五·四五
十四次	七·〇五	七·一〇	七·二〇	七·二五	七·三〇	七·四〇	七·四五
十六次	九·〇五	九·一〇	九·二〇	九·二五	九·三〇	九·四〇	九·四五

头等客可随带免费行李二百斤，二等客一百五十斤，三等客一百斤。如超过此定额，须照章纳费。各站有脚夫，代客起卸行李，每件夫力铜元四枚。

汽车

（1）散雇汽车　汽车即摩托车，租用以小时计值，普通租用，每小时约四元，汽车夫另给酒钱。兹将各汽车行附于左：

大陆汽车行	下关大马路	电话五二四
生昌汽车行	同上	电话五九四
有昌汽车行	同上	电话二一九
源昌汽车行	同上	电话五七九
陈银记汽车行	下关二马路	电话二二六
丁长记汽车行	中正街	电话九三二
金陵汽车行	新街口	电话一一八四
严华泰汽车行	下关二马路	电话五五四
海丰汽车行	中正街	电话九四六
有昌马汽车行	城内淮清桥下	电话八三〇
龙祥汽车行	中正街	电话五二六
祥麟马汽车行	城内利涉桥	电话四五
公兴汽车行	碑亭巷	电话七一三
新宝泰马汽车行	城内贡院街	电话四四一
飞云汽车行	同上	电话七四〇
同兴汽车行	同上	电话四五六

金大汽车行	碑亭巷	电话一三五一
东南汽车行	估衣廊	
聚兴汽车行	城内奇望街	电话四一八
源昌马汽车行	同上	电话一一三八
金荣汽车行	浮桥南	电话二一九

（2）公共汽车　总站在石板桥，往来下关及夫子庙，又自鼓楼起至上新河。若无行李，较各车为便。今将乘车至各站价目表分列于下（以小洋计算）：

说明

一、表中各站以大字标明者为大站，以小字标明者为小站

二、价目以小洋为单位

三、不足一大站者，其价目按一大站计算

票价表（三角形里程表）

起站	大马路	仪凤门	海军司令部	萨家湾	三牌楼	丁家桥	狮子桥	鼓楼	十庙口	北极阁	中央大学	珍珠桥	石板桥	国府马路	大行宫	游府西街	花牌楼	门帘桥	中正街	大中桥	淮清桥	夫子庙
沪宁车站	五分	五分	一角	一角	一角	一角五	一角五	二角	二角	二角五	二角五	三角	三角	三角五	三角五	三角五	三角五	四角	四角	四角	四角	四角
大马路		五分	一角	一角	一角	一角五	二角	二角	二角五	二角五	三角	三角	三角五	三角五	三角五	三角五	四角	四角	四角	四角	四角	四角
仪凤门			五分	五分	一角	一角五	二角	二角	二角五	二角五	三角	三角	三角五	三角五	三角五	四角	四角	四角	四角	四角	四角	四角
海军司令部				五分	五分	一角五	二角	二角五	二角五	三角	三角	三角五	三角五	三角五	四角	四角	四角	四角	四角	四角	四角	四角
萨家湾					五分	一角五	二角	二角五	二角五	三角	三角	三角五	三角五	四角	四角	四角	四角	四角	四角	四角	四角	四角
三牌楼						五分	一角	一角五	一角五	二角	二角	二角	二角五	三角	三角五	三角五	三角五	三角五	三角五	三角五	三角五	三角五
丁家桥							五分	五分	一角	一角	一角五	一角五	二角	二角五	三角	三角	三角	三角	三角	三角	三角	三角
狮子桥								五分	一角	一角	一角五	一角五	二角	二角五	二角五	三角	三角	三角	三角	三角	三角	三角
鼓楼									五分	五分	五分	一角	一角五	一角	二角	二角五	二角五	二角五	二角五	三角	三角	三角五
十庙口										五分	五分	一角	一角五	一角	二角	二角五	二角五	二角五	二角五	三角	三角五	三角五
北极阁											五分	一角	一角五	一角五	二角	二角五	二角五	二角五	二角五	三角五	三角五	三角五
中央大学												五分	五分	一角五	一角五	二角	二角	二角五	二角五	三角	三角	三角
珍珠桥													五分	一角	一角五	一角五	二角	二角	二角五	二角	二角	二角
石板桥														五分	五分	一角	一角五	一角五	二角	二角	二角	二角
国府马路															五分	一角	一角	一角五	二角	二角	二角	二角
大行宫																五分	五分	一角	一角五	一角五	二角	二角五
游府西街																	五分	一角	一角五	一角五	一角五	二角
花牌楼																		五分	五分	一角	一角	一角
门帘桥																			五分	一角	一角	一角
中正街																				五分	五分	五分
大中桥																					五分	五分
淮清桥																						五分

鼓楼至上新河分站价目表

鼓楼

一角	双石鼓			
二角	一角	汉西门		
三角	二角	一角	水西门	
七角	六角	五角	四角	上新河

马车

　　马车有篷式、轿式两种，以胶皮轮者为最稳适。铁轮车因路不甚平正，颠簸特甚。故乘马车，夏季宜用篷式胶皮轮车，冬季宜用轿式胶皮轮车。普通租用，每小时约一元，每天约四元，车夫另给酒饭钱，约四五角不等。游览者，可包定半天或全天，既免零碎讲价之烦，价钱又可较为便宜。车行触处皆有，而以中正街一带为最多。兹将其较著之车行摘录如左：

王德记马车行	大马路	电话六四八
华达马车行	仪凤门外	电话二九六
丁三马车行	鼓楼东	电话二三一
飞龙马车行	花牌楼	电话二八四
福利马车行	薛家巷	电话一一五三
德利马车行	高家酒店	电话一一七〇
王金记马车行	二郎庙	电话七四三
宝大马车行	中正街	电话七五七
龙泰马车行	同上	电话四三四

宝泰马车行	同上	电话六一九
新泰马车行	同上	电话一一一九
祥泰马车行	同上	电话一〇二一
龙翔马车行	四象桥	电话六四八
龙飞马车行	评事街	电话三五五
云飞马车行	仓巷桥	电话二七一

人力车

人力车　人力车即黄包车，一称东洋车。随在皆有，任人雇用，价无定例；大抵短路贵，而长路较廉。由热闹之场所往静僻之地贵。由静僻之地往热闹之处廉。常日每小时约价洋一角至二角，雨雪及炎热之时索价较昂，车价须先讲明，以免讹索。雇车讲价，有二秘诀：（一）旅人游客，来兹土者，大都操异乡口音，雇车时，宜先提出一相当的价钱（可参照后附人力车价表），使彼辈知为"老南京"，不敢歧视，价易讲妥；（二）南京人力车，向分城南车、城北车两种，入夜由下关进城，雇城南车；或由城南至下关，雇城北车；价均极廉。城南、北车，有一种简易识别法：凡夜间鼓楼附近及以南各马路上人力车，以车头向南，迎往北之客者，皆城北车。反是，凡仪凤门以外，以车头向北，迎南来之客者，皆城南车也。

乘人力车须知　一、行李物件，切勿放于车篷后边，以免遗失。二、坐车时，须认明车夫及车牌号数，以便万一发生意外时，可以稽考。

车马价目表

兹为便利旅客起见，假定一发动地点，列举至各地之人力车、马车价目，列表于下：

一、自下关车站附近至各处

【旅馆】	人力车价	马车价
大行宫各旅馆	四角	一元
中正街各旅馆	四角半	一元二角
四象桥各旅馆	五角	一元四角
状元境各旅馆	五角	一元四角
【下关至各处】		
丁家桥	三角	七角
国民政府	三角	九角
省政府	五角	一元四角
市政府	五角	一元四角
鼓楼北	二角	七角
前道尹署	五角	一元二角
成贤街	三角	八角
大石桥	三角	八角
李相府	四角	一元二角
半边桥	四角	一元
奇望街	五角	一元三角
珠宝廊	四角	一元二角
户部街	三角	一元
四条巷	四角	十一角

党公祠①		四角	十角
暨南学校		三角	八角
新廊		五角	一元六角
三坊巷		五角	一元五角
三牌楼		二角	五角
英领事署	萨家湾	一角	四角
日领事署	鼓楼西	二角	八角
商民协会	昇平桥	四角	一元二角
省教育分会	门帘桥	四角	一元一角
公共演讲厅	中正街	五角	一元四角
县教育局	贡院西街	五角	一元四角
省立医院	毗卢寺前	四角	一元
状元境		五角	一元四角
游府街		五角	一元四角
西华门		五角	一元四角
菱角市		五角半	一元四角

【学校】

海军学校	仪凤门内	一角	四角
中央大学农学院	小门口	二角	五角
金陵大学	鼓楼	二角	八角
暨南学校	薛家巷	二角	八角
国立中央大学	大石桥东南大学	三角	八角

---

① 祠：原书误作"词"。

金陵中学	干河沿	三角	八角
汇文女学	陆家巷	三角	八角
中央大学工学院	复成桥	三角	一元
中央大学南京中学第一院	门帘桥	四角	一元二角
中央大学南京中学第二院	八府塘	四角半	一元二角
正谊中学	申家巷	四角	九角
成美中学	讲堂街	五角	一元四角
中央党务学校	红纸廊	四角	一元四角
中央大学南京女子中学	马府街	四角	一元一角
安徽公学	中正街	四角	一元二角
南京体育师范学校	十庙口	三角	八角
青年会	府东街	四角半	一元二角
女青年会	碑亭巷	三角	十角

【银行】

中央银行	衡鉴堂街	五角	一元四角
中国银行	珠宝廊	四角	一元二角
交通银行	中正街	四角	一元二角
江苏银行	奇望街	四角半	一元二角
大陆银行	昇平桥	四角半	一元二角
东南植业银行	坊口街	四角	一元二角
上海银行	北门桥	三角	一元

二、自中正街至各地

【各游览地】	人力车价	马车价
中山墓	八角	二元
明孝陵	六角	二元
南汤山	二元	四元
明故宫	三角	一元
第一公园	一角	六角
夫子庙	一角	六角
钓鱼巷	十四枚	四角
朝天宫	二角	八角
清凉山	三角	一元
莫愁湖	三角	一元
北极阁	三角	一元
鸡鸣寺	三角	一元
鼓楼公园	三角	一元
玄武湖（五洲公园）	五角	一元四角
燕子矶	十角	马车不能去
幕府山	十角	同上
胡园	二角	十角
刘园	二角	八角
雨花台	三角	
牛首山	一元二角	

【中正街至各处】		人力车价	马车价
丁家桥		二角	八角
省政府		一角	四角
市政府		一角	四角
鼓楼北		二角	六角
成贤街		二角	六角
大石桥		二角	六角
李相府		十六枚	四角
半边桥		一角	四角
财政厅	奇望街	十六枚	四角
公安局	珠宝廊	一角	四角
国民政府秘书处	公安局后	一角	四角
特别党部	四条巷	一角	五角
省党部	大仓园	一角	五角
市党部	登隆巷	二角五分	六角
中央党部政治会议处	铁汤池	一角	四角
地方法院	新廊	二角	八角
县公署	三坊巷	一角十枚	四角
美领事署	三牌楼	三角一元	
英领事署	萨家湾	三角	一元一角
日领事署	鼓楼	二角	六角
通俗教育馆	半边桥	一角	四角
公共体育场	同上	一角	四角

省立医院	天津桥	二角	五角
电报局	润德里	一角	四角
电话局	游府街	一角	四角
西华门		二角	五角
菱角市		二角	六角

【学校】

金陵大学	鼓楼	二角	八角
国立中央大学	大石桥	二角	六角
钟南中学	一枝园	二角	五角
金陵中学	干河沿	二角	五角
法学院	红纸廊	二角	五角
工学院	复成桥	一角	四角
成美中学	讲堂街	一角	四角

驴马

驴马站，在城内鼓楼、十庙口、中华门及中山门等处，驴价每天约一元，马价倍之。驴马夫须另行酌给酒饭资二三角焉。

街道

（1）繁盛市街 南京市繁盛区域，分南北二部：北部，即城北之下关，以鲜鱼巷、大马路、二马路、惠民桥、龙江桥、邓府巷等处，为最闹热，夜市至十一时半。南部，即城南一带，以内桥大街、府东街、三山街、大功坊、南门大街、驴子市、奇望街、淮清桥、钓鱼巷、大中桥、贡院前、夫子庙、东牌楼、中正街、昇平桥、四象桥、珠宝廊、黑廊大街、坊口街、行口街、讲堂大街、油市大街、陡门桥、彩霞街、评事街、太平街、花牌楼、大行宫、北门桥、唱经楼等处，为最繁盛，夜市至十时，或十一时。

（2）重要道路　下关之重要道路，为邓府巷、鲜鱼巷。过惠民桥而西，为大马路、二马路、江边马路及商埠局街。由下关进城，以兴中门（即仪凤门）街为唯一途径。入兴中门后，有马路一条，垂柳夹道，迤逦而南；经萨家湾、三牌楼、丁家桥，而至鼓楼，乃下关至城南之唯一孔道也。鼓楼之南，分为二途：一、径南向，由北门桥、估衣廊，经老王府街、卢妃巷，而趋内桥；此道乃由下关径往城南繁盛之区者也。一、东向，由北极阁下，绕中央大学墙外，由成贤街而南，经浮桥、碑亭巷、延龄巷、火瓦廊，而达内桥及中正街。碑亭巷有一交叉之横路，东曰大行宫，西曰卢政牌楼，肆市亦盛。大行宫北，即国民政府。大行宫南，有一纵路，曰吉祥街、花牌楼、太平街，穿门帘桥，过中正街，越四象桥，经奇望街，而至夫子庙。商店林立，而花牌楼一带，尤多书市。内桥之南北，有重要横路二条，纵路一条，相续仿佛一"干"字。第一条横路：由东而西，曰大中桥、中正街、昇平桥，经内桥北，又西，曰珠宝廊、红纸廊，西达汉西门。第二条横路：自水西门起，向东，曰油市大街、陡门桥、讲堂街、行口街、坊口街、黑廊大街，于此与纵路交，又东北，为驴子市、奇望街、淮清桥、钓鱼巷，通大中桥。纵路：自内桥而南，曰内桥大街、府东楼、三山街、大功坊、花市街、南门大街，过南门桥，直通中华门（即聚宝门）；乃南京繁华之中心点也。此外另有斜道一条，自淮清桥，沿秦淮河而西南，曰贡院街，曰夫子庙前街，曰东牌楼；其中茶社林立，百戏杂陈，游人麇集，北京之琉璃厂，上海之城隍庙，盖仿佛若是矣。

邮电运输

邮政

白下邮政，设备颇为完全，各要重街市上均有邮政信筒，筒上有长方口，可以将信件投入，口下有收信时刻表。普通平信、明信片等，均可投入寄递。挂号信件、快信及快递邮件，则须到邮局投寄矣。

（1）邮政局的地址

总局

城内奇望街总局　　　电话一四〇

下关大马路总局　　　电话五一〇

支局

北门桥支局　电话城内三二一

讲堂街支局　电话城内六八一

花牌楼支局　电话城内一三八三

三牌楼支局　电话下关五二一

（2）邮政局营业时间

城内邮政总局　上午七时至下午十时止

下关邮政总局　上午七时至下午十时三刻止

北门桥支局　上午七时至下午十时止

讲堂街支局　上午八时至下午八时止

花牌楼支局　上午八时至下午八时止

三牌楼支局　上午八时至下午八时止

平日　上午九时至下午五时止可寄挂号信及快信

星期日　上午十时至十二时可寄挂号信及快信，下午六时至八时可寄快信

（3）简明邮政寄费表

电话

（1）电话局址

总局　城内游府西街

下关分局　下关仪凤门外

浦口分局　浦口镇

（2）电话使用法

一、使用电话时，须先查明号数。将听筒取下，以听头迎耳，静候局中回音，告以所要接之号数。听筒仍须持在手中，如挂于原处，线即摘断矣。

二、凡告以号数时，必须先告以某局（如城内或下关或浦口），然后告以号数，以免舛错。

三、说话时，须离筒口寸许，照寻常说话的声音，不必太高。说完后，方可将听筒挂于原处，以免电话局将线撤去。

最新信函及郵政各項寄費清單

類別 重量等類	信函類 甲每起重二十公分(即格蘭姆) 甲每繪加重二十公分	明信片 雙(即附有回片者)	明信片 單	新聞紙類 每束一張或數張重以二十公分為限	書籍印刷類 甲 重一百公分 逾一百至二百五十公分 逾二百五十至五百公分 逾五百至七百五十公分 逾七百五十至一千公分 重至此數為限	貿易物契易類 甲 逾二千至二十公分 重至此數為限	傳單各類 每五十張或五十張以內	貨樣類 甲 重一百公分 逾一百至二百五十公分 逾三百五十至五百公分 重至此數為限	掛號郵件 每件另加普通資費 雙掛號(寄取收件人回執)另加普通資費 單掛號另加普通資費 代收物價額外定實費銀	快遞郵件 每件另加普通資費	匯兌 每圓或一圓以內 逾五千至一萬公分 重五千公分	包裹類 每重二十公分至一萬公分為止 逾五千至一萬公分 重五十公分
中國境內 各局就地局投送 界內	一分	一分	一分	每重半分 百公分	半分 一分 二分 四分 七分半	七分半	五分	一分 二分 四分 六分	六分 一角二分	一角二分	一角 二角	
各局互寄 寄互	四分	一分 二分	四分	每重半分 十五公分	一分 二分半 五分 七分 一角五分	一角五分	五分(另按印物類加納)	二分 五分 一角 一角五分	六分 一角二分	一角二分		每重二千公分約單純費一角
蒙古郵會及 新疆及各國	九分	一角二分 八分	四分	每重十五公分 一分半	三分 六分半 九分 一元二角 二元	二元	五分(另按印物類加納)	三分 六分 九分 每兩重公十分	二角 普通資費外並納地項資費	二角		每重二千公分起加一角
外洋各國 日本 臺灣 香港 澳門 威海衛 英租借地(借地) 朝鮮地	一角二分	一角二分 六分	二分 四分	每重十五公分 二分	一分 二分半 五分 七分半 一元五分	一元五分		一角五分 三分 六分 每重丁二	一角	一角		需六倍以路程而成
日本 東 本 公劉	四分	四分 二分	二分	每重十五公分 二分	一分 二分 五分 七分半 一角五分	一角五分		二分 五分 一角五分 每重丁二	八分 一角	二角		

釋明

甲每重不及各該類之公分(即格蘭姆)數目者概以一公分計算 乙惟貿易契每件以一角起算 丁每件均以四分起算 內每件均以四分起算重至五百公分為限

凡寄往國內各處包裹應納資費或需單純費或需二倍或需三倍或需六倍以路程而成 匯款多寡不等可向發票局詢問惟每張匯票其費均以五分起昇

四、如遇有新通各户，电话号数未经刊入号簿者，可向城内或下关电话局五百号，查问处查询。

沪宁长途电话

（1）长途电话局址

宁局　附设于游府西街电话总局

（2）长途电话章程摘要

一、长途电话，分普通、加急二种，普通电话照附表之规定收费。其加急电话，得随时接线，照普通话费三倍计算。

二、长途电话，由接通答话用户时起，不论答话者是否为所叫之人或其他任何人，至话毕撤线止。每五分钟或不满五分钟，统作一次论。十分钟或不满十分钟，作两次计算。又用户谈话，同时不得继续至两次以上，并不得于一次出叫两户答话，如出叫两户，作两次通话计算。

三、长途电话费，统由传话人缴付，不得推由答话人缴付。

四、赴局传递长途电话，在答话人尚未答话以前，传话人须在局等候接话，不可走离。否则，答话人叫到时，该局不负通知之责，其已缴之通话费，亦不退还。

沪宁长途电话各站价目表列后：

沪宁长途电话各站价目表

吴淞							
一角五分	上海租界						
一角五分	一角	南翔					
一角	五分	五分	上海				
五角	四角五分	四角五分	四角	苏州			
八角	七角五分	七角五分	七角	三角	无锡		
一元三角	一元二角五	一元二角五	一元二角	八角	六角五分	镇江	
一元六角	一元五角五	一元五角五	一元五角	一元一角	九角五分	三角	南京

电报

中华民国建设委员会无线电报

（1）无线电报收发处

城内　估衣廊

（2）无线电报章程摘要

一、无线电报分六种：（一）官电；（二）公电；（三）急电；（四）寻常商电；（五）纳费公电；（六）新闻电。

二、除官电、公电另有条例外，其急电、寻常商电、纳费公电、无论中外人民，均可发寄，惟新闻电，以报馆为限。

三、新闻电，无论本省隔省。每字收费二分，洋文每字收四分。

四、遇有紧急事项，发报人愿将所发之报提前先发者，为急电。此项电报，照原价加两倍（原价一角加为三角），以"急"字或"Urgent"为标识，书于电文之首。

五、校对电报。发电人如恐电文错误，可请求发报台转知收报台，将收到之原码，逐字发回校对，即为校对电报，照寻常电费加收四分之一。此项电报，须以"校"字或"TC"为标识。

六、国内华洋文寻常电报，每字价目如左表：

（一）同城电报

华文明语	银元三分
华文密语或洋文明语	银元五分
洋文密语	银元七分

（二）同省电报

华文明语	银元五分
华文密语或洋文明语	银元一角
洋文密语	银元一角

（三）隔省电报

华文明语	银元一角
华文密语或洋文明语	银元二角
洋文密语	银元二角

（1）电报局址

下关电报局	下关邓府巷	电话五九九
城南电报局	城内润德里	电话二三
城中电报局	城内鼓楼北	电话一三九〇

（2）电报章程摘要

一、中文明码：同城电报，每字大洋三分。同省电报，每字大洋六分。隔省电报，每字大洋一角二分。

二、中文密码或洋文：同城电报，每字大洋四分五厘。同省电报，每字大洋九分。隔省电报，每字一角八分。

三、新闻电报，无论本省、隔省，中文每字大洋三分，洋文每字大洋六分。

四、遇有紧急事项，发报人欲提前先发者，曰"急电"。报费照寻常电报原价加二倍（即原价一者加为三），发报时，书一"急"字或"Urgent"于收报人姓名住址之前；亦须照一字收费。

五、最新电报收发细则全文，见大东书局出版的《明密码电报新编》。

（3）地支代发电报月份表

一月子　二月丑　三月寅　四月卯　五月辰　六月巳　七月午　八月未　九月申　十月酉　十一月戌　十二月亥

（4）韵目代发电报日期表

发电通例，每于姓名下附诗韵一字以代发电日期：如以一东之"东"字，用以代初一。五微之"微"字代初五。余类推。但上声韵目，一至二十九。去声韵目，一至三十。故阴历小建月，常用上声韵目。大建月，多用去声韵目。而阳历大月三十一日，无韵目代替，则常用"卅"字、或"引字"代之。盖"卅"即"世"字，形似"卅""一"两字。

而"引"字，又酷似亚拉伯数字之"31"，故借用之尔。

韵目\日期	上平	下平	上声	去声	入声	韵目\日期	上声	去声	入声
一	东	先	董	送	屋	十六	铣	谏	叶
二	冬	萧	肿	宋	沃	十七	筱	霰	洽
三	江	肴	讲	绛	觉	十八	巧	啸	
四	支	豪	纸	实	质	十九	皓	效	
五	微	歌	尾	未	物	二十	哿	号	
六	鱼	麻	语	御	月	廿一	马	个	
七	虞	阳	麌	遇	曷	廿二	养	祃	
八	齐	庚	荠	霁	黠	廿三	梗	漾	
九	佳	青	蟹	泰	屑	廿四	迥	敬	
十	灰	蒸	贿	卦	药	廿五	有	径	
十一	真	尤	轸	队	陌	廿六	寝	宥	
十二	文	侵	吻	震	锡	廿七	感	沁	
十三	元	覃	阮	问	职	廿八	俭	勘	
十四	寒	盐	旱	愿	缉	廿九	赚	艳	
十五	删	咸	潜	翰	合	三十		陷	

转运

转运货物，报关、验货、拿提单、提货等，手续颇繁，托转运公司代办，较为便利。兹将南京各转运公司及报关行，列表于下：

悦来公司	三马路口	电话四七八
捷运公司	铁路桥	电话四一八
中国运输公司	下关车站	电话五〇三
汇通公司	邓府巷	电话四三六
元成清记公司	鲜鱼巷	电话四三五
公益新转运公司	三马路	电话二三七

公兴成转运公司	大马路	电话三四八
协商转运公司	铁路桥	电话四八七
铭记运输公司	同上	电话五三六
通益转运公司	小火车站对门	电话三四七
华盛义转运公司	小火车站	电话四五四
鼎通转运公司	下关	电话二三六
永泰隆转运公司	小火车站	电话五三三
瑞昌公报关行	商埠局街	电话五四三
复兴祥报关行	龙江桥	电话三六七
毕有记报关行	商会巷	电话二七九
协和报关行	沪宁车站	电话五二六
运茧处	龙江桥	电话三五七

第三章　名胜古迹

金陵，为六朝帝王之州，夙擅古迹名胜。昔有所谓石头虎踞、钟阜龙蟠、白下秋风、秦淮夜月等四十八景之胜。今虽大半湮没，而莫愁湖上，桃叶渡边，仍足为留连凭吊之所。况际此新都初建，定多吉人佳士，联翩而至，谁谓残山剩水，无复六朝春色也。爰特将各名胜场所，分为数程，胪列于次，为游者导。

第一程：秦淮河、第一公园、明故宫、古物保存所、半山寺等。

第二程：明孝陵、紫霞洞、中山墓、灵谷寺、南汤山等。

第三程：北极阁、鸡鸣寺、台城、五洲公园、大钟亭、鼓楼公园、随园等。

第四程：朝天宫、莫愁湖、浙江烈士祠、乌龙潭、龙蟠里、扫叶楼、清凉寺等。

第五程：胡园、周处台、雨花台、刘园、牛首山等。

第六程：燕子矶、岩山十二洞、狮子山等。

第七程：栖霞寺。

第一程

自中正街东行，过大中桥而北，参观通俗教育馆、公共体育场。渡半边桥，游第一公园，瀹茗于烈士祠，略事小憩。出第一公园后，仍北行，至西华门，可参观省立医院及电灯厂。西华门以东，即明故宫址，败瓦颓垣，犹可凭吊。入西华门而东，经西长安门，至五龙桥。桥北为古物保存所，桥南为午朝门。复东，出东长安门，访半山寺。时已亭午，如野蔬不能入咽，可急驱车西返，仍取道大中桥，过钓鱼巷，至贡院街（贡院街多酒市）小酌。餐毕，参观市政府，谒夫子庙，然后放棹乎秦淮之河。双桨平分，清风徐来，足涤尘襟。设遇夏秋良夜，游艇画舫如织，选色征花之辈，蚁聚蝟集，高歌低唱之声，悦耳赏心；南朝金粉，殆亦不过如此而已。鼓棹而东，至利涉桥北，巷口横一小木坊，即古桃叶渡是也。

第一公园

第一公园，位于复成桥东南，半边桥侧；广四十余亩。园之东北隅，有烈士祠。祠内供诸先烈遗像。祠之南，有纪念碑、喷水池。祠之东南，为历史博物馆、总理遗嘱亭。祠之西南，为图书馆。馆之西南，有池一方，水极清漪，逍遥游即在其西北。园内花木参差，假山玲珑，颇有可观。入园游览，每人纳铜元六枚。

明故宫

明故宫，在城之东南隅，位于中山门之西，太平门之南，光华门之北；即明太祖定鼎后，填燕雀湖所筑者也。满清入关后，派将军率旗兵驻防于此。经太平天国及辛亥光复两次兵燹，遗迹荡然。今之所存者，颓垣败瓦而已！由电灯厂向东，有高壁一方，下穴穹窿三门而过者，即西华门。更进，为西长安门，有方形之门基，两旁有参差兀立，若断若续之砖灰土埂，即故禁城迹也。其内有五桥并列，由西而东，即内五龙桥。桥南，有门南向，洞凡五，即明午朝门也，亦仅剩门基矣。余如东长安门、后宰门，亦均如是而已！

古物保存所

南京古物保存所，位于内五龙桥北，当故宫址。为灰色二层洋楼房，外绕竹篱，内有小亭、花圃，颇饶雅意。楼下陈列墓砖、宫瓦、碑幢、井栏、血瘢石等，多为千百年古物。血瘢石，即方正学就义沥血所溅，至今犹红丝缕缕焉。楼上陈列画相、泉布、古代兵器及金陵金石书籍等物，古色盎然，足为考古之资。除星期一休息，不开放外，余均任人参观。

半山寺

半山寺，在城内朝阳门之北。本谢太傅故居，王荆公祖宅。宋元丰间，始施为寺院。寺前双桧，相传为安石手植。寺原名保宁禅寺，以由城内至蒋山（即钟山），此为半道，故名半山寺。寺前有半山园，园东有谢公墩。

秦淮河

秦淮河二源：一出溧水县东庐山。一出句容县西句曲山。汇而北流，达石头城下，潆回于城之南部。自东关头穿城而入，至西水关，穴垣而出。相传即秦始皇当年用望气者言，凿方山，断长垄，导淮入江，以泄王气者。当六朝之际，多风流韵事，遂为千古所艳称。今以复成桥至文德桥一段间，为风景最佳之所。复成桥畔，垂柳拂堤，两岸多亭台水榭之胜。（河东岸通俗教育馆，即就韬园所改设者，楼台花木，布置得宜。）扁舟轻泛，容与中流，颇饶清趣，夏夜游艇，多停泊于此纳凉。鼓桨而前，过大中桥，向西南折，左岸为钓鱼巷，前为妓院聚集之所。益前，将近利涉桥边，当青溪入秦淮之口，巷中横小木坊，题"古桃叶渡"四字。相传即晋王子敬迎桃叶渡江处也。过利涉桥而西，画舫络绎，清歌时闻，岸北即贡院街、夫子庙一带也。益西，为文德、武定二桥；画舫游艇，至此而止，过此无足观矣。

夫子庙

夫子庙，在秦淮河北岸。庙西南向，与他邑文庙仿佛，荒芜零落，盖已无人涉足其间。但庙前及左右一带，百戏杂陈，茶寮酒市，鳞次栉比，实为南京游乐之中心点，每日午后，游人麇集。奎光阁，在庙之东南隅，六角形，高凡三层，顶瓷质，蓝色，作长圆形，映以朝暾夕晖，常发异彩。奎光阁西，夫子庙前，河面较阔，有茶舫数艘，蓄雏鬟三五，作清歌以娱茶客，每客点戏一支，例酬小洋两角，盖与北方之落子馆仿佛矣。

贡院

贡院，在夫子庙东，与庙平列。乃科举时代举行乡试之场，今已改建为商场；仅中部之明远楼及至公、衡鉴二堂，尚岿然独存尔！市政府设于此。明远楼，高凡三层，登临四顾，秦淮诸景，历历在目，为眺览之佳处。

乌衣巷

乌衣巷，在文德桥南数十武。为晋王谢故居，自昔蜚声简册，今仅巷口镌"古乌衣巷"四字而已！

第二程

自中正街驱车出中山门，谒明孝陵。陵内飨殿，售茶点、水果、啤酒、汽水之类，可于此小憩。出陵，由山径而东，游紫霞洞，谒中山墓。更东，寻山径，访灵谷寺。其地深秀蔚葱，万松苍翠，为金陵第一禅林。如时已向午，可嘱寺僧备膳，餐费大约每人每餐给以半元即可。如仅用其茶点，付以小洋三四角足矣。出寺后，可遍游钟山。或径循钟汤马路，以至南汤山，浴温泉之水，游陶庐等处。游人如乘汽车往，当日可返。设时逢日暮，则汤山饭店及汤山俱乐部等处，均可止宿，饮食中西餐毕备。

明孝陵

明孝陵，在中山门外，位于钟山之阳。陵前，石兽翁仲对立于道周丛草间。陵之四周，绕以朱垣。入门有丰碑当前，为清帝所立。北上为飨殿，中供太祖神位，悬太祖遗像。殿后为祭坛，高五丈许，下有隧道，作穿窿长衔，可由此以登坛巅。坛后有冈隆然，桧柏参天，即明太祖埋骨之所也。

紫霞洞

紫霞洞，在钟山山半，去明孝陵东北约里许。洞广能容十余人。上有清泉，从山涧下流，终日不绝，若瀑布然。

中山墓

中山墓，乃中华民国开国元勋、国民党领袖孙总理之陵寝也。位于钟山之阳，钟汤路北。西距明孝陵约三里许。墓地略成一大钟形。陵门环三孔门。内为广场，可容五六万人。场之中央，有石道直达祭堂平台下之石级。石级凡三层，计九十级。拾级而上，是为平台，高约四十五尺。祭堂位于平台之中央。祭堂辟门三：曰民族，曰民权，曰民生。屋顶作穹窿式，地上满铺意大利石，顶上满缀青天白日旗，四壁则遍刻中山先生《遗嘱》及《建国大纲》等文。堂之后壁，即墓门。门前有石碑一方，镌"孙中山先生之墓"七字。入门后，即见圆形之墓室，室之中央为石椁，绕以石栏，即孙公窀穸之所。观其规模之宏壮简洁，有令徘徊而起敬者焉。

灵谷寺

灵谷寺，在明孝陵东五里许。梁天监中为志公所建。初名开善寺，宋更名太平兴国寺。头山门已荡焉无存，惟有石磴北指，凡里许，折而东向，越小桥，行数武，乃至寺门。迎门为无量殿遗址，北为大雄宝殿及正殿，殿东为龙王殿、无量殿。无量殿后，有飞来剪，铁制，两股横径七八尺，长倍之，委于苔藓之间。其正北，为志公塔院，有塔原五层，屡经兵燹，重修后，无复旧观之美。此外尚有放生池、说法台、八功德水诸古迹，盖已无迹可寻矣。

钟山

钟山，昔称蒋山，以山上时有紫云缭绕，故一名紫金山。在城外东北隅，周六十余里，高百六十余丈。山林有一人泉，泉出小窾中，可饮一人，继以千百弗竭。循泉而西，过黑龙潭，潭大如盎。潭西，过丛竹，有七佛庵，为萧统讲经之地，有白乳泉。庵后为太子岩，一号昭明书台。

山之西峰顶，曰天堡城，地势险要，曾建炮台。光复南京之役，以夺天堡城之功为最伟，筑有浙军纪念塔，以志不忘。山之西北麓为地堡城，亦要地也。

南汤山

南汤山，在中山门外，六十余里，筑有钟汤马路，直达山麓。往年曾逐日开行汽车，迎送游人。山之东南隅，有温泉七处，温度均在摄氏四十度强，经农商部化验，泉中含钙化物甚丰，入泉澡浴可愈百病。近年来者日众，故地方人士，已集资于兹建筑汤山饭店，以供应游客。而汤山东侧之陶庐，现亦开放，以供同好。陶庐之北，更有汤山俱乐部一所，亦足以供沐浴而款来宾。

第三程

自中正街北行，经花牌楼、碑亭巷，出成贤街，绕至中央大学后身，上钦天山，登北极阁，复由山东侧小径而下，以至鸡鸣寺，品茗于景阳楼，访台城、辱井诸迹毕。乃折回，复由中大后，至十庙口而北，出玄武门，以至五洲公园（即玄武湖）。湖上有渔舟，可雇之遍游各洲，给舟子小洋三数角即可。老洲上有湖神庙，可于此进午餐，酬以香资，每人四五角足矣。游毕入城，循原路至十庙口，折而西向，至鼓楼公园；登畅观阁，瀹茗闲眺，略憩须臾。后更北游大钟亭，西访随园之址。

北极阁

北极阁，据钦天山巅。山在鼓楼之东，原名鸡笼山（《清一统志》作鸡鸣山），元至正元年建观象台于山椒，明改名钦天台，因亦改名其山曰钦天山，故北极阁即故元观象台也。阁前为寺，正殿祀真武大帝。殿后更上一层即阁，阁凡三层，拾级而登，推窗四瞩，大江如带，后湖如镜，钟山如屏，尽入眼帘，实城内眺览之佳地也。清康熙南巡时，曾书"旷观"二字，建亭勒石。寺前有炮一，公安局派警察守之，每日正午施放，名曰午炮，宁垣时刻之准绳也。中央研究院，现设气象研究所于此，昔日殿塔，近皆毁矣。山之傍有无线电台一座，归军政部交通司管理，专发军事电报。

鸡鸣寺

鸡鸣寺，即梁同泰寺，踞鸡鸣山椒。山半有门，东向，门旁为志公台，即施食台也。入门西行，曲折拾级而上，乃至寺。寺门及殿均南向。殿后有楼北向，曰豁蒙楼，遥瞩玄武湖，碧波轻漾，鸥游凫泳，风景绝佳，若逢夏日，湖中荷花盛开之际，邑人士多品茗纳凉其地，楼之东侧，别有一楼东向者，曰景阳楼，盖即齐之景阳楼故址所改筑者也。

台城

台城，即吴秣陵、晋建业城址。以后宋、齐、梁、陈均因之为宫城。考名之所自来，因晋宋后朝廷禁省为台，故称禁城为台城也。今鸡鸣山之北，尚有其遗址一段，与今城垣相接，宛如砖砌之高道然，于豁蒙楼可望见之。

燕脂井

燕脂井，在景阳楼下，乃陈之宫井。石栏有脉，雨后以帛拭之，辄现胭脂色，故今井栏凿"胭脂井"三字。昔陈后主闻隋兵至，与张丽华、孔贵嫔逃入井中以避之，因而被辱，故又名辱井。

五洲公园

玄武湖，俗称后湖，现由市政府设专员管理，更名五洲公园。在玄武门外，周约四十里。中有新、老、长、麟、趾等五洲。老洲上之湖神庙，内有赏荷厅、观音阁、湖心亭、大仙楼等，布置极精，惜屡遭兵劫，有荒芜零落之感。庙旁有张端二公祠，现已改设学校。湖中遍植芙蕖，每当夏季，荷花盛开之时，游人如织。

鼓楼公园

鼓楼公园，乃就鼓楼旁空地所布置者也。浅草平铺，花木掩映，别饶佳趣。鼓楼基为长方台，高十余丈，中辟三门，以通行人。台上为畅观阁，登楼每人须纳铜元二枚。拾级而上，豁眸四瞩，足快胸襟。但现在中央设测候所于楼上，禁止游人矣。楼之西北有亭一座，仍可任人休憩焉。

大钟亭

大钟亭，在鼓楼东北。亭作六角形，殿宇周之，钟即悬于其中。钟铜质，制殊巨，叩之，其声隆然，可闻数里，余音袅袅，延数分钟不止，乃明洪武间所铸者也。

随园

随园，在鼓楼迤西，小仓山麓。为钱塘袁子才枚隐居之所。今其园址，仅有木坊一，隶书"随园遗址"四字。旁为袁公祠堂，亦仅矮屋数椽，为守田者宿舍而已！

第四程

自中正街驱车径西，经朝天宫，由仓巷而南，出水西门，以至莫愁湖。湖滨有胜棋楼，其上为游人瀹茗之所，春夏二季，士女如云。游毕北行，由汉西门进城，至乌龙潭边，吊浙江烈士祠，访薛庐，参观图书馆，登扫叶楼，上清凉山，游清凉、云巢诸禅寺。扫叶楼、清凉寺、云巢庵等处，均可泡茶，茶资每人小洋一二角足矣。

朝天宫

朝天宫，在红纸廊之西。相传为吴王铸剑之所。宋时名天庆观，元时改名元妙观，至明代洪武年间重修，始更今名。为百官演习朝仪之处。建筑雄壮，宫内有习仪亭、万岁亭、东麓亭、冶山道院等，今已改为文庙矣。

莫愁湖

莫愁湖，在水西门外里许，相传为刘宋时卢女莫愁故居。湖滨南岸，有华严庵。庵内筑郁金堂，中悬莫愁及中山王遗像，堂上曰胜棋楼，相传即明太祖与中山王弈棋处也。郁金堂之东，有轩豁然，即踞湖上，北面临水，全湖在望，寺僧于此设座售茶。每当夏季，芙蕖盛开时，清香扑鼻，凉风拂襟，颇饶清趣，洵为消夏之良地。郁金堂西为曾公阁，架屋水上，凭栏远眺，清凉山适在其北，湖光山色，相映如画。

粤军烈士墓

粤军烈士墓，在华严庵西，北面濒湖，为辛亥光复南京时，岭南健儿丛葬之所。各墓并不坟起，惟平嵌一长方石碑，上镌死者姓名而已。其布置略类花园，冬青夹道，正中有亭翼然，作六角形，可以小憩。惜无人驻守，以故樵夫牧竖，随意出入，颇多残毁。不免渐呈荒凉之象。

乌龙潭

乌龙潭，在汉西门内。相传晋时现黑龙，故名。唐颜鲁公以为放生池，今潭上放生庵，犹祀颜公。潭作长圆形，潭心有六角亭，筑小路通东岸，亭凡二层，可以登临眺览。

浙江烈士祠

祠在黑龙潭东南。入门有碑亭当其冲，悬联一付，碑阴列死者姓名，亦光复之役，死于国事者。其后即祠堂，两旁有楼台之属，布置井然，胜粤军烈士墓多矣。

龙蟠里

龙蟠里，在乌龙潭之西北。盖取"钟山龙蟠，石城虎踞"之意。里之南端，有甓门，额曰"古龙蟠里"。坊东为薛庐，即曩昔全椒薛时雨先生，主讲此间书院时所构，背临乌龙潭，有楼台轩亭之胜，为宁垣有名之私家花园。薛庐之北，为曾（文正）、沈（文肃）二公祠，路西为中大图书馆，卷帙浩繁，琳琅满室。每人纳铜元二枚，购门票一纸即可入内借阅。

清凉山

清凉山，在汉西门内，龙蟠里北。山本名石头山，南唐建清凉寺于山半，始易今名。

山上有寺凡三：当路之冲，而门东向者，即清凉寺。其南曰善庆寺。其北曰云巢庵。清凉寺，门墙红色，掩映于绿树丛筱间，饶有画意。寺本南唐避暑宫，今多圮废。寺后山椒，旧有翠微亭，即昔之暑风亭也。光复之役，毁于兵，未能修复，今仅遗迹可寻尔！　云巢庵，在清凉寺东北。踞于重岗之巅，地势回旷，极目四顾，城闉烟树，历历在目。寺内相传为地藏王菩萨肉身坐禅处，每年七月，香火极盛。　善庆寺，在清凉寺南。外殿祀张睢阳像。殿左为僧舍。其右为扫叶楼，即清初龚半千氏贤，托名扫叶僧隐居之所。楼上悬扫叶僧像，旁有联曰："扫叶人何在，登楼思悄然。"楼上布置雅洁，寺僧于此售茶点，以供游客。楼之西南，有清凉门，已堵塞不通，以其礓砎特起，俗称之曰"鬼脸城"，即古石头城之遗址也。虎踞关，在清凉山北，除壁间钉虎踞关之地名小牌外，他无所有矣。

第五程

自中正街驱车而南，先至鸣羊街，游胡园。继出中华门（南门），至雨花台，饮永宁之泉，吊方正学之墓，小憩于刘园。然后策卫往游牛首之山。山上有宏觉寺，可供膳宿，取值甚廉。如时逢薄暮，可下榻云房。设为时尚早，入中华门后，尚可绕道边营，至石观音，一访周处台焉。

胡园

胡园，一名愚园，在城西南隅，鸣羊街西。园内有清池数亩，四周有亭台轩榭，雕楼画阁之属，兼多古木丛篁，布置极清雅幽邃之致。而假山之堆砌，尤为玲珑精巧。昔时开放，纳铜元数枚，即可入览；现改为南京道院，谢绝游人。

雨花台

雨花台，俗名聚宝山，在中华门外。相传梁武帝时，有云光法师者，于此说法，感天雨花而名。山门西向，由山之西北隅，拾级而登。入门，路北为方公祠、卓公祠、节孝祠，再进为第二泉茶社。泉凡二眼，平列于院内，水去地面约三尺，掬而饮之，其味甘柔。泉东有小阁，可于此瀹茗稍息。第二泉对面，路南，为永宁寺，故此泉又名永宁泉。寺东为高座寺，原名甘露寺。其东南方，有冈崛起，筑有炮台，即雨花台也。冈阴有墓隆然，乃方正学埋骨之所。自永宁泉后，陟石子冈，全冈有大小石子无数，彩色灿烂，即雨花石也。

刘园

刘园，一名又来园，在雨花台之西北。园内有刘公墩，乃刘叔亮之墓。墩西有云起楼，西南为又来堂。堂后为凌波仙馆，又西南有拥翠堂、萦青阁、师竹轩等，山水幽清，林箐蓊蔚，别饶雅趣。

牛首山

牛首山，一名牛头山，在中华门外三十里，山周回四十余里。山上有宏觉寺，自山门缘坡而上，首至金刚殿。殿后有石磴百级，曰白云梯。梯尽则为四天王殿。殿后复历数十级，而至大雄殿。殿后复有毗卢殿，四周有回廊、配殿、客堂、僧舍之属，规模甚宏。循东廊，度峻嶒而上，得自然石龛曰文殊洞。又东，为辟支岩。寺后山巅，有石突出，若牛首然，石上有二孔潴水，冬夏不涸。山巅双峰间有池四时常盈，相传为昭明太子之饮马池也。山阳雪梅岭寺下，有地涌泉，源流涓涓，四季靡竭，亦名胜也。

周处台

周处台，在中华门内东侧三条营，石观音、蟒蛇仓附近。乃西晋周处读书处也。处宜兴人，少时不修细行，至吴后，始励志读书。后从夏侯骏西征，死于齐万年之难。元帝谥之曰孝侯。

第六程

游燕子矶、岩山十二洞，有水陆两途。水路，自下关买舟而往，约须一元之谱。陆路，则乘人力车或由十庙口雇驴前往，其价单程约半元左右，回往均约一元左右。由十庙口向北，出神策门，约行七里许，至观音门，燕子矶即在望矣。观音门下，有街市，游客可于此进餐。自此沿江干西行，即岩山十二洞矣。益西，过宝塔桥，经煤炭港，即至下关，进兴中门，经狮子山下而返。

燕子矶

燕子矶，在观音门外。矶石兀立江上，三面悬壁，形如飞燕。上有御诗亭，登临俯视，洪涛骇浪，势极凶险。

岩山十二洞

岩山十二洞，均在幕府山阴。山在和平门外江滨，周约三十余里，高约七十余丈，相传晋王导设幕府其上，故名。山阴之麓，有永济寺，寺内峭壁悬崖，中多孔穴，有自在天者，可欹身而上，壁上石罅，有铁链数尺下垂，相传为刘青田系舟之所。寺右，有马娘娘梳妆台遗址。自此而西，首为上台洞，奇石森然，窈穴委邃，有洞上通崖顶。次为二台洞，缘崖结楼，面向洪流，中有一洞，相传可通京口，惜已封堵。又次为三台洞，内有吴道子石刻观音像，及观音泉、一线天等。观音泉旁，有一洞名"小有天"，仅见旭光一线，上透绝顶，授云梯，拾级而上，凡六折，始达其巅。上有玉皇阁，临风四顾，江天一色，洵大观也。岩山十二洞，以此为最胜，其余无足观赏矣。

狮子山

狮子山，即古卢龙山，在兴中门内。青翠郁苍，兀崎于江城之间，有建瓴之势。昔明高帝伏兵大破陈友谅，即在此地。阅江楼之遗址，亦在其上。今复建有炮台，与下关东西二炮台，互相策应，乃金陵之门户也。

第七程

游栖霞山，须自下关乘沪宁火车前往。山在宁垣东北约五十里，距沪宁路孤树村车站，不过三四里。来往沪宁慢车及锡宁客车，均于此上下搭客。惟锡宁车，午后四时许，始由下关往孤树村。故游人须于九时许，由下关附慢车而往。至午后六时许，仍附慢车而回。

栖霞山

栖霞山，故名摄山，周约四十里，高百三十余丈。分南北中三条，脉由大茅山来。寺当中条之麓，南唐隐士栖霞，修道于此。北条山麓，有明征君碑亭。寺后有塔，石壁上下，凿佛像数百，面目无相类者，即千佛岩也。再上有水一池，曰功德泉。其上为紫峰阁，为桃花涧，再前为清高宗行宫故址。由此达山巅，自中条之左侧而下。层岭叠浪，乱石错之，若海波万沸，汹涌灏溔，曰叠浪岩。再下，有水争道迸发，势如散珠，即珍珠泉也。

第四章　宿食娱乐

旅馆

　　南京旅馆著名之旅舍，大都在下关江口、大马路、二马路，及城内中正街、大行宫、状元境一带。下关：如江口之大新，大马路之金陵，二马路之交通，惠民桥畔之百利饭店，湖北街之花园饭店；城内：如中正街之交通、孟渊、惠中，状元境之南阳旅社，四象桥之文明、南洋旅馆，吉羊街之华洋，贡院街之秦淮，奇望街之江南大旅社等，房间均极宽敞，设备亦颇清洁。价格自五角至二元不等，均有折扣，照定价六七折不等。客饭每餐一角五分至三角。城内各家，伙食多连在房价之内。如添一客，加饭洋三角。被褥每条五分或一角。小账加一。酒资酌给。

　　各旅馆均有接客者，于轮船、火车到埠之时，手持仿单（即旅馆的招牌纸），前来招揽旅客。旅客欲往某家旅馆，可接收某家仿单；将行李点交接客者，先行前往。旅客如初来该埠，并可着接客者，代雇车马至旅馆，以免索价太昂。到旅馆后，填写旅客单。如有银钱重要物件，可交旅馆账房保存。平时出门，须令茶房锁门；若自行加锁，如遇失误，茶房即不负责。行时若乘江轮，可托旅馆代写船票，或代定船舱，价钱或可较廉。

【下关各旅馆地址】

名称	地址	电话号数
外交宾馆	下关商埠街	
大治楼旅社	江口	三一四
大新旅社	同上	四一九
中华旅馆	大马路	一〇六
萧培记客栈	江口	二四三
启华旅馆	同上	
凰台旅馆	同上	三五八
瀛洲旅馆	同上	五二二
花园饭店	河北街	五八四 四〇八
金陵大旅社	大马路	四七七
春台旅馆	同上	四八二
招商旅馆	同上	四六〇
大方旅馆	同上	
明新旅社	同上	二一七
东南饭店	二马路	三七四
南洋第一宾馆	北安里	四八八
交通旅馆	二马路	二〇一 二〇二 二〇三
新华旅馆	北安里	五八三
钟山旅馆	二马路	五八七
通商大旅社	同上	五六二
佛照楼	北安里	二五二

正品旅馆	同上	一二六	
天福栈	铁路桥	五四一	
中西旅馆	沪宁车站旁	四二二	
万全楼旅馆	龙江桥	三二七	
上海旅馆	同上	一四一	
百利饭店	惠民桥	三八一	三八二
迎轺旅馆	寿昌里	二五九	
萃仁旅馆	商埠局街		
天兴旅馆	满庭坊	五八五	
扬子江旅馆	新桥西	四二四	
惠龙旅馆	利源里	五七一	

【城内各旅馆地址】

名称	地址	电话号数	
华洋旅馆	大行宫	一五二	
全安旅馆	同上	二三〇	
新华楼	吉祥街	一二二二	
大观楼	门帘桥	一六六	
交通旅馆	中正街	一二一	三五七
南方饭店	同上	四六	
惠中旅馆	同上	三三九	
宁中旅馆	同上	三三四	
宁台旅馆	同上	一九	
孟渊旅馆	同上	一八五	

恒来旅馆	同上	三一九
江苏大旅社	同上	一二一
泰来旅馆	同上	一八八
涌和旅馆	同上	三四三
凤台旅馆	同上	三一〇
南洋旅馆	四象桥	六一一
招商旅馆	同上	三四六
文明旅馆	同上	四四〇
全安旅馆	大行宫	二三〇
聚亿旅馆	益仁巷	
长安旅馆	同上	四三三
老泰安栈	状元境	七八六
南洋旅社	同上	五四一
昇平旅馆	昇平桥	一四二四
安乐旅馆	太平街	一六七九
迎宾旅馆	头道高井	三七六
大华旅馆	花牌楼	
西成大旅社	昇平桥	四二五　一〇六八
大安旅馆	花牌楼	
长发旅馆	顾楼大街	二一七
吉升旅馆	顾楼	四九四
大通旅社	状元境	一三二二
全安旅馆	贡院街	三六三

凤来旅馆	鼓楼坡	一二八五
兴皋旅馆	同上	
万全旅馆	奇望街	八七八
福来旅馆	状元境	三二三
庆贤栈	同上	
集贤栈	同上	五四四
东来旅馆	同上	
聚贤栈	同上	二〇六
宝星旅馆	昇平桥	
凤仪旅馆	马府街	六八八
中华旅店	同上	
江南大旅社	奇望街	七三
秦淮旅馆	贡院街	一三三
大方栈	东牌楼	
第一旅馆	利涉桥	一七七
大方旅馆	慧圆街	七三五

菜馆

　　宁垣菜馆林立，尤以下关二马路、城内贡院街、奇望街一带为多。中餐，有北京馆、苏州馆、扬州馆、广东馆、山东馆、本地馆、教门馆等，无一不具。其中局面最大者，当推太平街之安乐饭店及贡院前之金陵春、第一春，中西菜均备。公司大菜，每客六肴，约洋一元。其次则为百利

（西餐）、长松、海洞春等，零点整席，顷刻可办。如逢宴客桌数太多，则须预先定座。酒席价目：八大八小鱼翅席，洋十一元；海参席，六大六小洋四元五角；八碟四大四小洋三元五角。菜价不折不扣，小账加一成。余如嘉宾楼、小乐意、聚兴馆等，屋宇虽小，而价廉物美，乃随意小酌最佳之所也。

【菜馆地址】

		电话号数
万国春番菜馆	下关江口	三四〇
百利饭店（西菜）	惠民桥	三八一
春华楼	二马路	二八〇
致美楼酒馆	同上	五一六
一枝香	同上	二五七
粤华楼	三马路	
金陵春（兼西菜）	城内贡院街	一七〇
第一春（兼西菜）	同上	二二八
长松东号（兼西菜）	同上	一九三
秦淮旅馆（兼西菜）	同上	一三三
一品香	同上	
小乐意	同上	一〇〇四
万全	同上	七三三
海洞春	姚家巷口	一六八
万家春	同上	七八九

新庆和菜馆	邓府巷	下关一四八
安乐菜馆	太平街	一二五五
东方饭店	延龄巷	
老宝新教门馆	桃叶渡	七四
中华饭店	马府街	
又益处川菜馆	利涉桥	
大庆楼菜馆	贡院街	
老宝新菜馆	惠民桥河西	下关一三八
五味斋菜馆	三马路	下关二八六
大禄茶社	同上	一一六〇
新山东馆	同上	
奇斋（宵夜馆）	奇望街	五六六
致美斋	同上	五四六
嘉宾楼	同上	五六一
万全斋菜馆	吉祥街	一一三五
久华楼	同上	
山东馆	府东大街	三一二
聚兴馆	同上	
顺兴馆	同上	
老万全	同上	五八八
半亩园	郭家巷	二〇九
长松园	彩霞街	
文明雅聚	东关头	

停舟买醉轩	桃叶渡	
宝新园	东牌楼	
东南食馆	成贤街	一一六六
惠源兴菜馆	北门桥	五六八

其仅售包饺肉面者有：

魁星园（铜作坊）	无锡馆（北门桥）
包顺兴（武定桥）	芍药馆（南门桥）

茶馆

　　茶馆，以城内夫子庙一带为最多，茶资每碗大约四分至六分，壶茶一角，均小洋。各茶馆自晨至暮兼售鱼、肉、鸡、火汤面、烧饼、包饺、干丝等物。如系教门馆，则点心多牛肉、鸡肉为之。点心每件一分，面六分至二角，干丝小碗六分，大煮二角。小账加一。各茶馆内，每日午后及晚间，多有说大鼓书或校书坐唱京戏者，每人收茶资小洋一二角不等。

【茶馆地址】

大观楼（下关江口）	四明楼（夫子庙）
第一楼（下关江口）	得月台（文德桥）
迎水台（利涉桥）	庆和园（黑廊大街）
近月楼（讲堂大街）	瞻园（许家巷）
新奇芳阁（夫子庙）	奎江阁（夫子庙）
麟凤阁（夫子庙）	飞龙阁（夫子庙）

六朝居（夫子庙）　　　青云阁（夫子庙）

市隐园（夫子庙）　　　德星聚（文德桥）

艳乐天（大中桥暑天开）　　　览园（大中桥）

茶舫

夫子庙对面，由文德桥东至奎光阁中间，秦淮河面较阔，有数巨舫，东西排列，以船唇抵石栏，并不移动，谓之茶舫。现有复兴、悦来、复来、万元、得胜、涛园、宛中等七舫。舫内有雏鬟三五，坐小台上，作清唱以娱客。游客可以品茗点戏。每位茶资六分或一角，小账在外。点戏每出二角。

浴堂

浴堂，分池汤、盆汤两种。盆汤，又分客盆、官盆、洋盆数种。南京各大浴堂，大都兼而有之。营业时间，大都自午前十一时，至夜间十二时止。其规模较大者，有：

大观园	下关北安里	电话一三五	
天然池	下关大马路	电话四四七	
新华池	下关商埠局街	电话二〇六	
临园盆浴堂	城内花牌楼	电话一〇三	
三新池	城内三山街	电话三九五	三九六
铭新浴堂	城内昇平桥	电话九三三	
秦淮池	场内利涉桥	电话七二二	
东园	城内承恩寺	电话七二一	

大新池	城内使署口	电话五五三
华清池	三山街	
清溪池	大功坊	电话四〇八
复新池	沙湾	电话六二五
铭新澡堂	昇平桥	电话一三二八
汉新园	大板巷	电话五三四
洁园	奇望街东	

价格：普通池浴及客盆一角，官盆一角半至二角，洋盆三角至四角不等。小账随意。余如下关一带之大观园、清涟池、奇园等盆浴堂。　三牌楼之钟山泉盆浴堂。　北门桥之龙园盆浴堂。　碑亭巷之敏园盆堂。　王府园之中园盆浴堂。　花牌楼之斌园盆浴堂。　安品街之西园盆浴堂。　府东街之龙园、鑫园盆汤堂。　颜料坊之铭轩盆堂。　钞库街之丹桂盆堂。亦均清洁，招待周至。浴价与上仿佛。各盆浴堂内，均有理发、擦背、划脚之人。理发一角至二角。擦背二角。划脚五分至二角不等。

理发洗衣

理发店，街市里巷，随处皆有。普通剃头或修面，均小洋一角。剪发小洋二角。

洗衣，各旅馆均有浣妇，逐日前来收取。短衫裤每件约铜元四枚，长衫八枚，被褥、蚊帐每件约小洋一角至一角五分。西式洗衣作，城内四象桥及下关、仪凤门等处均有之。每件价约五分，绸长衫之类，每件约二角。

画舫

画舫，多在夫子庙前，秦淮河中。其棚作长方形，顶表以铅皮为之。中舱布置如室，以木榻居中。榻前置桌，围以椅，旁列茶几、杌凳之属。中舱之前，棚轩起作廊式，置藤卧椅数事。船身大都髹漆灿烂，且有骚人墨客所题联额之类，于繁华中颇寓雅意。夏秋良夜，河上画舫如织，旅人游客，多于此征歌选色，以解寂寥，实白下及时行乐之所也。游资，视舫之大小、乘坐之时间、天气之寒暖阴晴而定。

大号画舫（四舱）　每天游资约十元

二号画舫（三舱）　每天游资约七八元左右

三号画舫（两舱）俗名边杆　每天游资约三四元

小号画舫（单舱）俗名七板子　每天游资约一二元

舫价须于游时预先讲定，以免游后任意需索，小账、酒力无定例，随意赏给可也。

戏馆

南京戏馆仅有四家：

一、新新舞台　下关惠民桥　电话三八三

二、百利戏院　下关永宁街　电话二三八

三、金陵大戏院　姚家巷　电话二五八

四、南京大舞台　城内府东大街

大都演旧戏，惟百利戏院，有时映影戏，夜戏比较日戏为好。日戏价目，每人二三角至八角。夜戏价目倍之。如遇名角登台，则临时多故昂其值。

第五章　各种重要机关

行政机关

名称	地址	电话
国民政府	旧督军署	二二五
行政院	同上	
立法院	侯府	
司法院	小粉桥	
监察院	羊皮巷	
考试院	关岳庙	
中央党部	旧省议会	
总司令部	三元巷	
内政部	保泰街	
外交部	鼓楼北	四七九
财政部	铁汤池丁园	一三九四
交通部	慈悲社	
军政部	旧督军署	
参谋本部	同上	
教育部	成贤街	一六八
卫生部	沈举人巷	

铁道部	杨将军巷	
工商部	百步坡	
农矿部	小桃园	
司法部	干河沿	一四四八
国民政府训练总监部	相府	
国民政府振务处	附设内政部	
国民政府秘书处	公安局后街	
国民政府最高法院	石桥街	
国民政府侨务委员会	前暨南学堂	
中华民国建设委员会	韩家巷	
中华民国蒙藏委员会	将军庙	
法官惩戒委员会	旧道尹署	
海陆军经理法规编纂委员会	卢政牌楼	
总司部经理处	党公巷	
总司部营房设计委员会	木屐巷	
军政部军需署	铜井巷	
军政部陆军署交通司	卢政牌楼	
军政部陆军署军医司	李公祠	
军政部陆军署军法司	大影壁	
财政部盐务署	尼姑巷	
总司令部交通处	卢政牌楼	二一八
总司令部航空处	太平巷	
江苏省政府	旧省公署	

南京市政府	贡院街	一〇〇六
江苏民政厅	旧省公署	一四八五
江苏财政厅	奇望街	一四六〇
江苏建设厅	半边桥	二三四
江苏农矿厅	旧省公署	
江苏土地整理委员会	四条巷	
江苏官产沙田总局	中正街	六六四
工务局	贡院街	二九五
财政局	同上	
教育局	同上	一〇五
公安局	珠宝廊	五〇
土地局	公安局后街	
卫生处	旧提学署	
社会调查处	下江考棚	
玄武湖管理处	后湖	
旗民生计处	皇城及卢妃巷	四〇七
南京市下关管理局		三四四
江苏省昆虫局	附设中大	
江宁财政府	三坊巷	一三
江苏印花税处	安品街	
烟酒事务局	东牌楼	二四五
邮务管理局	下关大马路	五一〇
金陵关公署	高家酒店	四〇一

交涉署	同上	
江宁第一监狱	老虎桥	二三二
掣验局	老江口	五八九
江宁县教育局	贡院西街	六五三
江宁铁路局	鼓楼北	三二
江宁地方法院	新廊	一九五
东区警察署	贡院街	一二五
南区警察署	全福巷	二六九
西区警察署	大王府巷	三〇一
北区警察署	鼓楼北	六四三
中区警察署	大行宫	七六九
下关警察署	大马路	四三一
水上公安局	草鞋夹	三六六
国立中央研究院	成贤街	
全国商标注册局	安品街	
中央国术馆	头条巷	

领事署

英领事署	萨家湾	一一〇
美领事署	三牌楼	三八
日领事署	鼓楼西	一一三

军事机关

名称	地址	电话
首都卫戍司令部	旧粮道署	一一〇二
军械局	堂子街	二八
海军司令部（即海军鱼雷学校）	仪凤门内花家桥	四四九
江宁区炮台司令部	杨公井	
富贵山炮台	富贵山	五七
清凉山炮台	清凉山	三四
乌龙山炮台	乌龙山	五九
雨花台炮台	雨花台	三九
江宁要塞炮台	狮子山	
国民革命军交通团团本部	前支那内学院	
国民政府警卫军团本部	利济巷	
国民革命军第六师司令部	浙江会馆	
第二集团军驻京办事处	十庙口	
第三集团军驻京办事处	上乘庵	
第四集团军驻京办事处	成贤街	
参谋部测量总局	大石桥	四九

各党部

名称	地址	电话
中央党部	丁家桥	三三五

江苏省党部	大仓园
南京市党部	登隆巷
警区党部	朝天宫
第一区党部	中央大学
第二区党部	金陵中学
第三区党部	南京中学第二院八府塘
第四区党部	朱状元巷
第六区党部	国民政府
第七区党部	荷花塘
第二区第一分部	丹凰街土地祠
第二区第二分部	武太村农民协会
第二区第五分部	丹凰街土地祠
第二区第六分部	洪武街商民协会
第二区第七分部	明德女校（汉西门四根杆子）
第三区第一分部	江苏印花处（道尹署）
第三区第二分部	南京中学第一、二院
第三区第七分部	沙塘湾光明街
第三区第八分部	江宁地方法院
第四区第二分部	大板巷六七号
第四区第三分部	汉西小学仓顶学校
第四区第十一分部	江宁府
财政部一分部	丁家花园秘书处
财政部三分部	丁家花园公债司

医院

名称	地址	电话号数
省立医院	毗卢寺前	一一五
市立鼓楼医院	鼓楼南	
慕慈医院	石板桥	一一九一
昇平医院	昇平桥	三七
济生病院	龙王庙	
南京电疗院	成贤街	
东南医院	杨将军巷	一二五二
广济医院	贡院西街	五九五
惠济医院	顾楼	八四六
康济医院	花牌楼	四八五
基督医院	鼓楼	一二八
贵格医院	沈举人巷	
陆军医院	细柳巷	一八八

公共机关

名称	地址	电话号数
南京市总工会整理委员会	马府街	
南京市农民协会整理委员会	同上	
总商会	中正街	

中国科学研究社	文德里	
南京公共汽车公司	石板桥	
全国学生联合总会	大乘庵	
陆军四校同学总会	成贤街	
江苏省妇女协会整理委员会	同上	
侨务研究社	珍珠桥	
南京学生会	大乘庵	
中大图书馆	龙蟠里	一〇一
励志社	前炮标	
公共体育场	半边街	
通俗教育馆	同上	二三五
江苏国术分馆	前道署街	
公共演讲厅	中正街	七一八
中国昆虫学会	附设中大	
商民协会	中正街总商会	一九六
新闻记者联合会	石坝街	
江宁县教育会	夫子庙	
江宁县公共体育场	府西街	九〇四
电话局	党公巷	
沪宁长途电话处	附电话局内	
电报局	益仁巷	
无线电报收发处	估衣廊	
教育经费管理处	八府塘	

南京平教促进会	城守街	一〇八七
平民教育促进会	红纸廊	一一二四
青年会	府东街	二五〇
女青年会	碑亭巷	九五二
红十字会分会	钓鱼巷	一〇九
第一造林场	四方城	三四七
残废院	大夫第	
普育堂	小膳府	一一八〇
育婴堂	剪子巷	
清节堂	同上	
老人堂	同上	
广利慈善会	三条巷	九八六
妇孺救济会	贡院街	

学校

名称	地址	电话号数
国立中央大学	四牌楼	六七·六八·六九
中央大学农学院	小门口	九二
金陵大学	鼓楼西	八九
金陵大学农业专修科	鼓楼	
金陵女子大学	陶谷街	四七一
震旦大学预科部	大仓园	
中央大学南京中学第一院	门帘桥	

中央大学南京中学第二院	八府塘	一二九
金陵大学农村师范校鼓楼	二条巷	
中央大学南京女子中学	马府街	一八一
智益中学	户部街	
五卅公学	保太街	
钟英中学校	南捕厅	七六一
成美中学校	大香炉	一一九〇
东方公学	大仓园	四四五
金陵大学附属中学	干河沿	九〇七
汇文女子中学校	同上	九九七
安徽公学	中正街	一一〇六
幼稚师范学校	细柳巷	九二二
中央大学附属小学	大石桥	三二九
女子中学附属小学	中正街	二〇二
南京师范附属小学	火瓦巷	八七五
北区实验学校	莲花桥	
东区实验学校	西华门大街	
中区实验学校	江宁府西街	
南区实验学校	门东小心桥	
夫子庙小学	夫子庙	
督粮厅小学	督粮厅	
评事街小学	评事街	
大行宫小学	大行宫	

贫民教养院	昇平桥	七〇二
东城贫儿教养院	皇城	三三七
中央党务学校	红纸廊前法大	
中央陆军军官学校	前陆军中学	
国民革命军军官团	前陆军小学	
警察教练所	绣花巷	

金融机关

名称	地址	电话号数
中央银行	城内衡监堂街	
中国银行	城内珠宝廊	一六五
中国银行	下关大马路	四三九
交通银行	城内中正街	三五一
交通银行	下关大马路	四一一
大陆银行	城内中正街	八六
大陆银行	下关鲜鱼巷	五二九
上海商业储蓄银行	城内北门桥	八六六
上海商业储蓄银行	下关鲜鱼巷	五二九
江苏银行	城内奇望街	一七一
江苏银行	下关惠民桥下	四六一
东南植业银行	城内黑廊大街	九五三
金城银行	下关大马路	四四六
道生银行	下关惠民桥下	五三八

盐业银行	下关商埠局街	五一九
庚源钱庄	城内承恩寺	一六三
延康钱庄	黑廊	五三九
庚余钱庄	新桥九儿巷	一三〇二
保余钱庄	上新河	三五九
通汇钱庄	金沙井	三四一
通和钱庄	坊口	三四五

工 厂

名称	地址	电话号数
造币厂（银元局）	下浮桥	三〇
制造局	聚宝门外	一二二
江苏省立第一工场	奇望街	一一八
电灯厂	西华门	八八八
电灯分厂	下关湖北街	四四三
惠豫苦儿工艺厂	城内头道高井	四九八
张乾亨锅厂	石城桥	八三三
戴兴隆煤炭厂	珍珠桥	一二三二
缪顺兴营造厂	新街口	五八五
善后布厂	皇城旧都统署	九一八
顺祥泰机器厂	碑亭巷	一二二
新昌机器厂	杨公井	九六三
济丰烧酒厂	通济门小门口	七八五

华丰裕酒厂	通济门外	二二一
嘉禾米厂	下关惠民桥	四六二
惠源米厂	下关惠民桥东	三六一
华丰米厂	南门外扫帚巷	一〇三四
振新纱厂	下关二马路	五五三
爱华布厂	城内讲堂街	四六九
庆丰永袜厂	水西门大街	八六七
豫华成皮件厂	府东桥	九八一
耀华肥皂厂	淮清桥	七八二
东亚皂厂	大行宫东街	一一一三
胜昌机器厂	下关大马路	三八五
兴顺炼燋厂	下关湖北街	二五八
张亨泰锅厂	下关龙江桥	二三二

各种商店

名称	地址	电话号数
京报	估衣廊	六四二
新闻报馆	城内奇望街	五五〇
中央日报社	珍珠桥	
大江南报馆	城内羊皮巷	二六二
南京民国日报	门帘桥	
国民晚报	前北捕厅	
革命军日报	奇望街	八一八

民生报	汉西门石桥街	八八九
中华报社	城内大夫第	三八五
三民导报	碑亭巷	
国民革命军军事杂志社	前炮标	
南方日报馆	城内姚家巷	四〇四
南京市民周报社	城内慧圆街	一〇四
新闻通信社	城内党家巷	四九二
大东书局特约发行所	城内花牌楼	
中国图书局	同上	
官书局	城内夫子庙	
商务印书馆	城内花牌楼	一八七
中华书局	同上	二四三
世界书局	同上	五二七
武学图书馆	国府西街	
军事图书社	国府马路	
共和书局	花牌楼	三三三
教育图书馆	城内北门桥	八七二
中华照相	城内奇望街	一〇四六
金陵照相馆	城内花牌楼	五六九
美真照相馆	城内贡院街	六六九
美伦照相馆	同上	九九二
新华照相馆	同上	六九七
美利生照相馆	城内估衣廊	七八〇

子青照相馆	花牌楼	
国民照相馆	同上	
宏化照相馆	同上	
东南照相馆	北门桥	
远东照相馆	吉羊街	一〇六
庐山照相馆	贡院街	六七六
广大绸布庄	城内黑廊	一五三
瑞丰和绸布庄	城内府东街	七四九
天福绸布庄	城内承恩寺	八四三
森和永绸庄	城内大功坊	八二三
大裕衣庄	城内三山街	三九七
正泰衣庄	同上	三四八
天成绸布庄	下关大马路	四五一
张义泰衣庄	下关鲜鱼巷	三九〇
新泰恒绣货庄	城内府东街	六七九
裕丰祥布庄	府东街	一三七
裕昇祥布庄	油市大街	六一三
康龄布庄	三山街	二〇五
恒丰布庄	吉羊街	八九四
庚源裕衣庄	三山街	三一一
大丰皮货庄	黑廊	一三三七
联陞成鞋铺	城内驴子市	七一七
嘉禄中西鞋庄	黑廊街	一二八八

三聚鞋店	城内府东街	
三晋鞋铺	下关鲜鱼巷	二一三
豫丰泰帽庄	城内评事街	
精益眼镜公司	城内黑廊	
亨得利眼镜钟表公司	同上	四二九
亨达利眼镜钟表公司	同上	二六〇
大西洋手表公司	下关大马路	五〇三
华兴利钟表行	府东街	四八四
庆华银楼	城内使署口	一六七
新庆和银楼	城内花市	二二〇
新凤祥银楼	下关鲜鱼巷	六〇〇
宝庆银楼	承恩大街	二五五
宝兴银楼	三山街	二八二
奇玩阁金石珠宝号	城内奇望街	九六〇
南洋烟草公司	城内驴子市	七一六
南洋烟草公司	下关商埠局街	五五二
五洲大药房	城内坊口街	二三四
中央大药房	南门大街	九四八
兄弟药房	吉羊街	七〇〇
张泰和药号	城内黑廊大街	七五四
老广和药号	城内东牌楼	四六四
童恒春药号	城内顾楼大街	
同春药号	下关鲜鱼巷	三一六

大同茶食号	城内评事街	四七二
宝源仁记牛奶公司	城内马台街	九三二
马玉山糖果饼干公司	城内坊口街	一○二九
马玉山糖果饼干公司	下关惠民桥	三五四
韩复兴鸭铺	城内黑廊	
南京百货商店	城内估衣廊	一一六七
先施化妆品分销处	下关二马路	三五○
华德记军衣店	松涛巷	一二四○
华新泰军衣店	太平巷	一三○五
哈德丰军衣店	花牌楼	二五七
新茂永军服皮件厂	同上	一三四七
亚细亚保险公司	城内慧圆街	一○九九
华安人寿保险公司	城内中正街	二○七
华嘉保险公司	城内黑廊大街	五六四
永年人寿保险公司	下关大马路	三五六
保家火险公司	同上	三八七
锦星水险公司	下关升和里	四三七
南京印刷厂	城内奇望街	四六
锡成印刷公司	城内花牌楼	一一○○
大陆印书馆	国府马路	一七六八
汤明林印刷局	城内坊口街	八五四
绍新印刷局	城内府东街	四八○

公孚印刷所	卢政牌楼	一一二九
德成麦粉公司	大中桥	一〇七四
德泰麦粉公司	油市大街	二九四
泰成麦粉公司	顾楼口	六三九
大同麦粉公司	三汊河	三三〇
德大酱园	太平街	一一七
德新酱园	羊市街	五七一
源丰五金号	花牌楼	七五〇
张干泰五金号	南门外	一〇一三
唐森森五金号	太平街	六二一
永泰和五金号	府东街	七九五
元昌五金号	同上	六〇三
森泰和染坊	城内大板巷	八四二
义兴洋碱公司	城内木料市	四七三
久大精盐公司	下关二马路	五五〇
公共拍卖所	十庙口	二〇三
牛羊屠宰场	鬼脸城（即清凉门）	六七八

第六章 物产

药草

一、土人参 土人参，原名太子参，为上等补剂，产于钟山。每两值二三角。各茶社中往往有小贩携来求售者。

二、首乌 首乌，亦补品，常食之能使发乌，亦产于钟山。每斤价约大洋八角。药铺及夫子庙前水果担上多有出售者。

蔬果

一、莱菔 莱菔，为宁人家常蔬食之一，以产于高桥门者为最佳。皮红鲜可爱，食之味甜，而实大者常逾一斤。

二、大头菜 大头菜，形似莱菔而略有辣味，产于通济门外及皇城等处。生者每运销广东，腌好出售每斤价约小洋二角。

三、百合 百合，钟山附近农人多种之，瓣肉肥厚而白洁，颇为有名。每斤价约二角。

四、樱桃 樱桃，产于后湖之各洲上，夏初成熟时，游人多联翩就树下购食之。

五、银杏 银杏，产于栖霞山，核小而肉厚，味殊可口。

六、菱藕　菱、藕，莫愁湖及后湖均产之，而莫愁湖所产之菱尤佳，肥大味鲜嫩，味甚甘美，生食、熟食均宜。藕亦以莫愁湖所产者为嫩。

七、卫瓜　卫瓜，即西瓜，以产于孝陵卫而名，味甜而鲜大者恒十数斤。价较他处产者为昂。

八、姚枣　姚枣，以产于姚芳门而得名，实大而甘，每斤价约一角。

酒肴食物

一、金波酒　金波酒，以夫子庙万全所酿者最佳，色微黄，性平和，味甘洌而有清香，价每斤三角。

二、盐水鸭　盐水鸭，乃肥鸭略用盐水泡制，而即煮食者也。肉极肥嫩，乃初秋佳肴，每只价约一元之谱。

三、板鸭　板鸭，即冬季将肥鸭用盐腌制者，以黑廊大街韩复兴为最有名。价以斤计，每斤约四角左右。

四、五香小肚　五香小肚，即以猪肉切成小块，和以五香，外包薄皮扎成之小肉球，以彩霞街诸熟菜铺所制者为最佳，每枚售洋二角五分。

五、童子鸡　童子鸡，肉味鲜而嫩，为冬季佳肴。每只售洋一元左右。

六、松子糕　松子糕，以白松子制成，食之甜而不腻，兼有清香，以评事街大同茶食店所制者为最佳。每斤价约小洋四角。

绸缎

一、素缎　素缎，一名贡缎，有元色、天青色二种，各大绸缎庄均有。价每尺约一元五角。吾人制鞋帽所用之元色素缎大都均江宁产也。

二、漳绒　漳绒，一称天鹅绒，丝地绒花，多用之作马褂。价每尺约二元馀。

珍玩

雨花石　产于雨花台永宁泉后之石子冈，雨后采掘，可得佳石，佳者透明而有色彩。夫子庙及贡院街一带多有出售。价无定例，上品每粒需数角，或数元不等，次之或小洋一二角，可购数十粒焉。

新都游览指南终

"南京稀见文献丛刊"
已出书目

1.《六朝事迹编类·六朝通鉴博议》　　　　　（宋）张敦颐；（宋）李焘

2.《六朝故城图考》　　　　　　　　　　　　　　（清）史学海

3.《梁代陵墓考·六朝陵墓调查报告》

　　　　（清末民初）张璜；（民国）中央古物保管委员会编辑委员会

4.《南唐二主词》　　　　　　　　　　　　　　（南唐）李璟, 李煜

5.《钓矶立谈·江南别录·江表志》

　　　　　　（宋）佚名；（宋）陈彭年；（宋）郑文宝

6.《南唐书（两种）》　　　　　　　　　　　（宋）马令；（宋）陆游

7.《南唐二陵发掘报告》　　　　　　　　　　　　南京博物院

8.《荆公金陵诗钞》　　　　　　　　　（宋）王安石,（清）翁长森

9—12.《景定建康志》　　　　　　　　　　　　　（宋）周应合

13.《南京·南京》　　　　　　　　　　（明）解缙；（民国）李邵青

14.《洪武京城图志·金陵古今图考》　　　　　（明）礼部；（明）陈沂

319

15. 《明太祖功臣图》 （清）上官周

16. 《金陵百咏·金陵杂兴·金陵杂咏·金陵百咏(外一种)》

（宋）曾极；（宋）苏泂；（清）王友亮；（清）汤濂

17. 《献花岩志·牛首山志·栖霞小志·覆舟山小志》

（明）陈沂；（明）盛时泰；（明）盛时泰；（民国）汪闿

18. 《金陵世纪·金陵选胜·金陵览古》

（明）陈沂；（明）孙应岳；（清）余宾硕

19. 《后湖志》 （明）赵官等

20. 《金陵旧事·凤凰台记事》 （明）焦竑；（明）马生龙

21. 《金陵琐事·续金陵琐事·二续金陵琐事》 （明）周晖

22. 《客座赘语》 （明）顾起元

23—25. 《金陵梵刹志》 （明）葛寅亮

26. 《金陵玄观志》 （明）葛寅亮

27. 《留都见闻录·金陵待征录》 （明）吴应箕；（清）金鳌

28. 《弘光实录钞·金陵野钞·南都死难纪略》

（明末清初）黄宗羲；（明末清初）顾苓

29. 《板桥杂记·续板桥杂记·板桥杂记补》

（明末清初）余怀；（清）珠泉居士；（清末民初）金嗣芬

30. 《建康古今记》 （清）顾炎武

31. 《随园食单·白门食谱·冶城蔬谱·续冶城蔬谱》

（清）袁枚；（民国）张通之；（清末民初）龚乃保；（民国）王孝煃

32. 《钟山书院志》 （清）汤椿年

33. 《莫愁湖志》 （清）马士图

34. 《金陵览胜诗考》 （清）周宝偀

35.《秣陵集》 （清）陈文述

36.《摄山志》 （清）陈毅

37.《抚夷日记》 （清）张喜

38.《白下琐言》 （清）甘熙

39.《灵谷禅林志》 （清）甘熙、谢元福，（民国）佚名

40.《承恩寺缘起碑板录·律门祖庭汇志·扫叶楼集·金陵乌龙潭放生池古迹考》

    （清）释鹰巢；（清末民初）释辅仁；（民国）潘宗鼎；（民国）检斋居士

41.《教谕公稀龄撮记·可园备忘录·凤叟八十年经历图记》

      （清）陈元恒，（清末民初）陈作霖；（清末民初）陈作霖，

      （民国）陈祖同、陈诒绂；（清末民国）陈作仪

42—44.《南京愚园文献十一种》 （清）胡恩燮，（民国）胡光国 等

    《白下愚园集》 （清）胡恩燮等，（民国）胡光国

    《白下愚园续集》 （清）张之洞等，（民国）胡光国

    《白下愚园续集（补）》 （清）潘宗鼎等，（民国）胡光国

    《愚园宴集诗》 （清）潘任等

    《白下愚园题景七十咏》 （清）胡恩燮，（民国）胡光国

    《愚园楹联》 （民国）胡光国

    《白下愚园游记》 （民国）吴楚

    《愚园题咏》 （民国）胡韵蓴

    《愚园诗话》 （民国）胡光国

    《愚园丛札》 佚名

    《灌叟撮记》 （民国）胡光国

45.《江宁府七县地形考略·上元江宁乡土合志》 （清末民初）陈作霖

46—47. 《金陵琐志九种》	（清末民初）陈作霖，（民国）陈诒绂
《运渎桥道小志》	（清末民初）陈作霖
《凤麓小志》	（清末民初）陈作霖
《东城志略》	（清末民初）陈作霖
《金陵物产风土志》	（清末民初）陈作霖
《南朝佛寺志》	（清末民初）孙文川，陈作霖
《炳烛里谈》	（清末民初）陈作霖
《钟南淮北区域志》	（民国）陈诒绂
《石城山志》	（民国）陈诒绂
《金陵园墅志》	（民国）陈诒绂
48—49. 《秦淮广纪》	（清）缪荃孙
50. 《盋山志》	（清）顾云
51. 《金陵关十年报告》	（清末民国）金陵关税务司
52. 《金陵杂志·金陵杂志续集》	（清末民初）徐寿卿
53. 《南洋劝业会游记》	（民国）商务印书馆编译所
54. 《新京备乘》	（民国）陈迺勋，杜福堃
55. 《金陵岁时记·岁华忆语》	（民国）潘宗鼎；（民国）夏仁虎
56. 《秦淮志》	（民国）夏仁虎
57. 《雨花石子记》	（民国）王猩酋
58. 《金陵胜迹志》	（民国）胡祥翰
59. 《瞻园志》	（民国）胡祥翰
60. 《陷京三月记》	（民国）蒋公毅
61. 《总理陵园小志》	（民国）傅焕光
62. 《金陵名胜写生集》	（民国）周玲荪

63. 《丹凤街》　　　　　　　　　　　　　　（民国）张恨水

64. 《新都胜迹考》　　　　　　　　　　（民国）周念行, 徐芳田

65. 《金陵大报恩寺塔志》　　　　　　　　　（民国）张惠衣

66. 《万石斋灵岩大理石谱》　　　　　　　　（民国）张轮远

67. 《明孝陵志》　　　　　　　　　　　　　（民国）王焕镳

68. 《金陵明故宫图考·南京明故宫制度与建筑考》

　　　　　　　　　　　　　（民国）葛定华；（民国）朱偰

69. 《冶城话旧·东山琐缀》　　　　　　　　　（民国）卢前

70. 《南京居游指南·南京游览指南·新都游览指南》

　　　　　　（民国）俞旭华；（民国）陆衣言；（民国）方继之

71. 《首都计划》　　　　　　　（民国）国都设计技术专员办事处

72. 《总理奉安实录》　　　　　　（民国）总理奉安专刊编纂委员会

73—74. 《总理陵园管理委员会报告》　　　（民国）总理陵园管理委员会

75. 《首都丝织业调查记》　　　　　　　　（民国）工商部技术厅

76. 《科学的南京》　　　　　　　　　　　　（民国）中国科学社

77. 《新南京》　　　　　　　　　　　（民国）南京市市政府秘书处

78. 《中国经济志·南京市》　　　　　（民国）建设委员会经济调查所

79. 《京话》　　　　　　　　　　　　　　　　（民国）姚颖

80. 《国立中央研究院概况》　　　　　　（民国）国立中央研究院

81. 《南京概况》　　　　　　　　　　　　（民国）书报简讯社

82. 《渡江和解放南京》　　　　　　　　　　　　张宪文等

83. 《南京市及江宁县地质报告》

　　　　　　朱庭祜, 李学清, 郑厚怀, 汤克成, 袁见齐, 孙鼐

84. 《南京民间药草》　　　　　　　　　　　周太炎, 丁至遵

85.《骆博凯家书》 〔德〕骆博凯

86.《外人目睹中之日军暴行》 〔英〕田伯烈

87.《南京》 〔德〕赫达·哈默尔, 阿尔弗雷德·霍夫曼